国家外语非通用语种本科人才培养基地教程

亚非语言文学国家级特色专业建设点系列教材

马来语 Bacaan Bahasa Melayu Tinggi

高级阅读教程

⊙ 刘勇 李卓 编著

世界图书出版公司

广州·上海·西安·北京

图书在版编目（CIP）数据

马来语高级阅读教程 / 刘勇，李卓编著 . —广州：
世界图书出版广东有限公司，2024.4
　ISBN 978-7-5232-1185-4

　Ⅰ . ①马…　Ⅱ . ①刘… ②李…　Ⅲ . ①马来语—阅
读教学—教材　Ⅳ . ①H631.194

　中国国家版本馆CIP数据核字（2024）第059926号

书　　名	马来语高级阅读教程
	MALAIYU GAOJI YUEDU JIAOCHENG
编著者	刘　勇 李　卓
策划编辑	刘正武
责任编辑	程　静
装帧设计	罗　兰
责任技编	刘上锦
出版发行	世界图书出版有限公司　世界图书出版广东有限公司
地　　址	广州市新港西路大江冲25号
邮　　编	510300
电　　话	020-84184026　84453623
网　　址	http://www. gdst. com. cn
邮　　箱	wpc_gdst@163. com
经　　销	各地新华书店
印　　刷	广州市迪桦彩印有限公司
开　　本	787mm×1092mm　1/16
印　　张	12
字　　数	316千字
版　　次	2024年4月第1版　2024年4月第1次印刷
国际书号	ISBN 978-7-5232-1185-4
定　　价	42.00元

前 言

　　《马来语高级阅读教程》是国防科技大学国家外语非通用语本科人才培养基地系列教材暨亚非语言文学国家级特色专业建设点系列教材。本教程共一册，可作为《马来语初级阅读教程》（1）和（2）的接续，视情况在马来语专业本科三年级第一学期或第二学期使用，以进一步提升学生的马来语阅读理解能力，也可供具有中等马来语水平的自学者和语言爱好者阅读使用。

　　全书共16课，每课由课文、生词、注释、课后练习等部分组成。课文部分包括两篇文章，通常为同一主题下不同类型的文章。文章全都选自马来西亚原生文献，包括国家语文局权威杂志《社会论坛》《语言论坛》，以及权威官方网站等。所选文章有的聚焦马来西亚社会、科技和文化发展，探讨马来西亚国家体制、社会问题等，旨在帮助学生提高国情文化分析能力，对马来西亚有更加理性、客观的认识和理解；有的关注世界性问题，如老龄化、新媒体发展、环境保护、信息技术发展、新能源和粮食安全等，使学生能透过马来西亚视角看待上述问题之余，深入思考相关问题，培养家国情怀。

　　在国别与区域研究蓬勃发展的背景下，本教材强调语言的知识和信息属性，在培养学生获取信息能力的同时注重帮助学生搭建国情知识体系，加强对象国问题研究的同时注重培养全球视野。因此，注释部分主要包含背景知识和专有名词的介绍，使学生能够更加准确地理解文章写作背景和相关专业知识。课后练习部分则由单词、短语翻译、问答题、句子翻译和文章大意概括组成，在巩固基础知识的基础上，重点考查学生对重难点短语、句型的理解和对语篇大意，以及文章写作逻辑的掌握，提高学生的语篇理解能力和信息归纳能力。

　　本教材由刘勇、李卓负责编写。其中刘勇拟定了全书的框架，负责全书的统稿和审定，并编写了第一至七章以及第十二章，李卓负责编写第八至十一章、第十三至十六章，并承担了本书的资料收集和校对工作。在编写与出版过程中，本教材得到了国防科技大学亚非系教材建设委员会、亚非语言文学二级学科博士学位授权点，以及中国出版集团世界图书出版广东有限公司的大力支持，我们在此一并表示感谢。

　　由于编者水平有限，本教材内容难免有错误和疏漏之处，恳请广大读者不吝批评指正，以便今后作进一步的修改和完善。

编　者

2024年2月于南京

Kandungan

Teks A

Mampukah Media Tradisional Terus Bertahan? (I)

Kebelakangan ini sering kedengaran seseorang membuat kenyataan yang mereka sudah tidak lagi menonton televisyen atas alasan tertentu. Ada yang dengan bangganya mengatakan mereka berhenti menonton setiap rancangan televisyen terutamanya segmen berita, sejak beberapa tahun lalu. Pada masa yang sama, ada juga yang menyatakan mereka sudah sekian lama tidak membeli atau membaca akhbar, juga dengan alasan tersendiri. Bagi sesetengahnya pula, mereka berhenti daripada menonton televisyen atau membaca akhbar, kedua-duanya sekali dan menambah dengan mengatakan mereka tidak berasa kerugian tanpanya.

Jika menonton televisyen atau membaca akhbar pun, semua itu hanyalah secara kebetulan. Mereka mungkin tidak menafikan ada mendengar radio, itu pun sewaktu berada dalam kenderaan, kebanyakannya mendengar lagu. Jika menjadi penumpang, mereka mendengar lagu sambil jejari mereka bermain gajet, setidak-tidaknya berkomunikasi dengan orang luar menggunakan telefon bimbit.

Ada yang memberitahu pemisahan hubungan mereka dengan televisyen dan akhbar itu dengan nada bangga kerana tidak lagi bergantung pada media tradisional itu untuk mendapatkan maklumat. Mereka hidup di alam serba canggih dan tidak lagi memerlukan saluran yang tidak sesuai dengan cara bertindak dan zaman generasi mereka. Manakala, ada juga antara mereka yang sedih dan kecewa kerana terpaksa meninggalkan media tradisional yang sudah sebati dengan mereka kerana menganggap saluran atau wadah yang sebelum ini menjadi sumber untuk mendapatkan berita dan maklumat, tidak lagi memenuhi cita rasa dan kehendak naluri mereka, khasnya dalam konteks menyalurkan berita dan maklumat bagi kumpulan ini, mereka menganggap media tidak lagi berfungsi mengikut lunas-lunas kewartawanan. Bagi mereka, fungsi media sudah terpesong berikutan kepentingan politik dan komersial.

Semua ini mereka boleh lakukan kerana mereka sudah ada sumber alternatif untuk mendapatkan berita dan maklumat yang mereka perlukan setiap hari, malah setiap saat. Jika 40 atau 50 tahun lalu, khasnya sebelum ada teknologi internet, masyarakat pengguna tidak ada pilihan dan terpaksa mengikut setiap bahan yang disogokkan oleh media.

Hari ini mereka tidak perlu menunggu masa yang begitu lama untuk mengetahui sesuatu peristiwa, malah mereka boleh mendapat maklumat secara langsung atau siaran waktu sebenar. Semua ini menjadi realiti dengan hanya memiliki telefon pintar yang menyediakan rangkaian televisyen dan halaman akhbar serentak. Malah, gajet yang mereka miliki itu boleh memenuhi apa-apa juga maklumat yang mereka inginkan hanya dengan menaip "kata kunci". Gajet, yang dimiliki oleh hampir semua rakyat di negara ini membolehkan mereka mendapatkan apa-apa sahaja yang mereka mahukan di hujung jari. Mereka boleh menggunakan alat ini di mana-mana sahaja selagi mendapat liputan pancaran penyedia talian. Pelbagai maklumat tentang apa-apa sahaja, boleh mereka peroleh dengan sekelip mata melalui "pustaka ajaib" yang dihasilkan melalui teknologi internet hari ini.

Keadaan ini diburukkan lagi dengan sikap golongan muda yang menganggap televisyen, radio dan akhbar, bukanlah saluran untuk mereka mendapat berita dan maklumat. Bagi mereka, media tradisional itu, bukan saluran generasi mereka. Bagi golongan muda, sesiapa yang masih bergantung pada maklumat yang disalurkan menerusi media tradisional dianggap sebagai golongan ketinggalan zaman. Pada mereka mengapakah perlu menonton televisyen atau mencari akhbar di gerai sedangkan dalam dunia teknologi internet membolehkan setiap orang mengakses maklumat menerusi media baharu. Media baharu juga berkembang pesat tanpa disedari menerusi pelbagai aplikasi yang dilakukan oleh penyedia perkhidmatan atas talian. Masing-masing mengemas kini aplikasi masing-masing begitu pantas. Mereka yang lewat atau tidak mengikuti perkembangan aplikasi dalam media baharu ini, terus ketinggalan. Semua ini menyebabkan pengguna yang celik teknologi maklumat, tidak jemu menggunakan applikasi baharu yang diperkenalkan. Dahulu, setiap pengguna berkomunikasi dengan mesej secara individu, kemudian di ruangan khas dan seterusnya. Hari ini pengguna boleh berkomunikasi menerusi WhatsApp dan aplikasi lain yang boleh dikongsi secara berkumpulan. Mereka juga boleh berkomunikasi secara bersemuka melihat wajah antara satu dengan sama lain tidak kira jarak dan waktu. Cuma, bagi golongan yang memiliki literasi teknologi maklumat yang rendah, mereka terus kekal dengan applikasi asas, sama ada menerusi komputer meja, komputer riba atau telefon pintar masing-masing. Mereka tidak mencuba atau menyelidiki aplikasi baharu yang disediakan oleh syarikat pembekal teknologi. Hal ini berbeza daripada sikap golongan muda yang peka terhadap setiap perubahan teknologi. Malah, anak-anak kecil lebih cekap menggunakan teknologi di komputer atau telefon pintar berbanding dengan golongan yang sudah berusia.

Golongan yang tidak lagi menonton televisyen atau membaca akhbar biasanya memberikan pelbagai alasan yang mereka tidak lagi mengikuti perkembangan semasa menerusi media berkenaan. Alasan yang mereka selalu berikan, biasanya tidak jauh berbeza 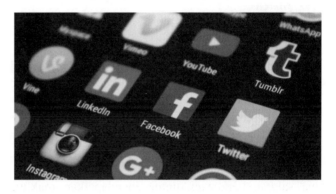 daripada alasan yang diberikan oleh golongan lain, malah alasan mereka boleh dijangkakan. Ada antara mereka mengakui tidak lagi menonton televisyen atau membaca akhbar disebabkan mereka sudah pun mempunyai saluran atau platform baharu yang lebih canggih untuk mendapatkan maklumat yang mereka perlukan demi menjalani kehidupan setiap hari. Mereka sedar bahawa berita dan maklumat amat penting dalam kehidupan seharian mereka untuk membolehkan mereka membuat keputusan dengan cepat. Untuk pergi ke sesuatu tempat tertentu sahaja mereka perlu mengetahui sama ada jalan menuju ke situ sesak atau sebaliknya. Jika tahu jalan itu sesak, mereka boleh membuat keputusan yang lain pula. Namun, mereka tidak berasa kekurangan kerana mereka boleh mendapat maklumat yang tiba ke destinasi mereka jika ada sesuatu yang berlaku, tanpa perlu diminta. Dengan portal berita, malah syarikat media sendiri menyediakan perkhidmatan berita atas talian, semua maklumat dan berita mereka peroleh dengan sekelip mata.

Kumpulan yang tidak selesa dengan dasar media pula mendakwa mereka tidak memerlukan saluran media tradisional untuk mendapatkan maklumat kerana tidak lagi yakin akan ketelusan berita atau maklumat yang disampaikan oleh organisasi dan syarikat media. Bagi kumpulan ini, syarikat-syarikat media sering memanipulasi fakta dan data. Kumpulan ini memerlukan fakta dan data disebabkan keperluan tugas mereka setiap hari.

Tentunya, jika fakta dan data yang mereka terima melalui media tradisional, boleh diragui dan diselewengkan, hal tersebut menyukarkan tugas harian mereka, contohnya untuk membuat sesuatu keputusan. Sesuatu keputusan lebih mudah dibuat jika maklumat yang diterima adalah tepat. Jika maklumat salah atau tidak tepat, maka boleh menimbulkan kekeliruan. Jika golongan ini tidak berpuas hati dengan maklumat yang diterima, mereka mungkin berhijrah ke platform lain.

Teks B

Mampukah Media Tradisional Terus Bertahan? (II)

Bagi individu lain pula, mereka mempunyai alasan tersendiri, mungkin kerana tidak ada waktu disebabkan tugas yang banyak, tidak ada wang untuk membeli akhbar, dan sebagainya. Walau apa-apa pun alasannya, hal ini bermaksud mereka tidak bergantung pada dua saluran berkenaan untuk mendapatkan maklumat bagi memenuhi keperluan harian mereka. Mereka mungkin sudah mengubah kebergantungan untuk mendapatkan maklumat daripada membaca akhbar atau menonton televisyen kepada saluran lain yang lebih sesuai dengan kehidupan seharian atau hubungan sosial mereka. Mereka mendakwa tidak berasa kerugian kerana tidak menonton televisyen atau membaca akhbar. Bagi kumpulan ini, kandungan televisyen dan akhbar tidak lagi relevan dalam kehidupan mereka. Bagi kebanyakan mereka, telefon pintar mereka ialah jawapan kepada semua persoalan ini. Mereka berpendapat, tidak ada sebab untuk membeli akhbar kerana segala maklumat boleh diperoleh menerusi pelbagai saluran menerusi telefon pintar mereka. Mereka boleh mengakses stesen televisyen atau syarikat media untuk mendapatkan berita dan maklumat. Bagi stesen televisyen atau syarikat media, mereka mempunyai cara masing-masing untuk menyalurkan maklumat. Pelanggan mereka bukan penonton semata-mata tetapi pemegang saham dan pembuat dasar. Mereka perlu mematuhi arahan dan kehendak pembuat dasar dan pemegang saham. Begitu juga dengan syarikat akhbar, walaupun sedar terhadap kehendak pembaca, tetapi mereka juga akur kepada arahan pembuat dasar dan pemegang saham. Cuma perkara yang membimbangkan syarikat media ini ialah jika pengiklan turut mengundur diri. Iklan merupakan sumber utama syarikat media. Tanpa iklan, syarikat media akan kehilangan pendapatan. Syarikat iklan pula melihat jumlah penonton dan pembaca, serta profil mereka untuk disesuaikan dengan produk yang mereka iklankan. Jika jumlah penonton dan pembaca tidak menepati syarat yang mereka perlukan, mereka tidak akan mengiklankan produk mereka di media yang berkenaan.

Bagi pengamal media, mereka berada dalam satu keadaan yang sukar. Mereka bukan sahaja bersaing dari segi bentuk berita yang disiarkan sesama syarikat media, malah turut bersaing dengan media baharu. Mereka juga menyediakan platform media baharu supaya tidak ketinggalan dalam persaingan. Pada masa yang sama mereka juga terpaksa sentiasa efisien. Berita yang mereka salurkan mesti pantas. Terpulanglah kepada pengguna untuk menerima maklumat daripada platform, portal berita dan laman-laman blog yang sesuai dengan cita rasa masing-masing. Bagi syarikat dan organisasi media, khasnya media arus perdana termasuk televisyen terkemuka, mereka tahu bahawa sebahagian daripada penonton televisyen atau pembaca akhbar sudah "lari" meninggalkan saluran dan akhbar kerana beranggapan bahawa media tidak lagi menjalankan fungsi sebagai penyalur maklumat yang bertanggungjawab. Dari kaca mata mereka, media tidak mengambil sikap berkecuali dalam penyaluran berita, khasnya berita yang membabitkan kerajaan dan parti politik yang memerintah. Kumpulan ini berasakan wujud ketidakadilan penyaluran berita, khasnya berita yang membabitkan kerajaan dan parti politik yang memerintah. Kumpulan ini berasakan wujud ketidakadilan.

Bagi penonton dan pembaca, mereka mudah mengesan ketidakseimbangan berita kerana pada masa yang sama mereka menerima pelbagai maklumat tentang apa-apa juga yang berlaku di persekitaran mereka. Jika mendapati berita tentang sesuatu peristiwa itu 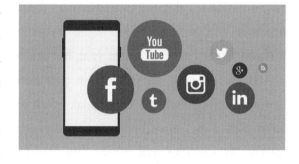 mereka baca di platform lain tetapi tidak di media arus perdana, mereka menaruh syak wasangka bahawa media mengambil sikap yang tidak objektif. Bagi penonton dan pembaca, mereka berpendapat pengarang, wartawan atau petugas media tidak seharusnya mengambil sikap berat sebelah. Atas alasan ini, mereka meninggalkan media tradisional. Jika terus bergantung pada media tradisional, mereka hanya menerima maklumat yang kabur berbanding dengan maklumat di media baharu. Mereka hanya bergantung pada berita dan maklumat di media tradisional berhubung sesuatu tragedi, keadaan keselamatan dan maklumat dan pengumuman rasmi kerajaan yang tidak dilakukan oleh media lain.

Bagi syarikat media, mereka tidak boleh menganggap penonton tidak peka terhadap persekitaran mereka. Dalam konteks pendidikan di Malaysia, bagi setiap mereka yang berusia 65 tahun ke bawah, ialah kumpulan yang berpelajaran minimum Sijil Pelajaran Malaysia (SPM). Hal ini bermakna, hanya sebahagian kecil sahaja penduduk di negara ini yang berusia 65 tahun ke atas yang tidak berpelajaran sehingga SPM. Tidak kurang juga mereka yang berusia 65 tahun ke atas terdiri daripada pesara perkhidmatan awam dan bekas pegawai-pegawai kanan kerajaan yang tahu tentang perkembangan di negara ini. Sebahagian besar penonton televisyen dan pembaca akhbar merupakan golongan yang boleh membuat penilaian berhubung berita dan maklumat yang disalurkan melalui media tersebut. Mereka tahu sama ada berita itu benar, separuh benar, tidak benar, dan sebagainya. Hal ini dikatakan demikian kerana mereka juga mendapatkan maklumat daripada pelbagai saluran yang membolehkan mereka membuat perbandingan dan penilaian sendiri. Jika berita politik, mereka mahukan pandangan kedua-dua pihak yang berbeza pandangan dan ideologi disiarkan. Mereka tahu erti hak untuk bercakap dan membuat penjelasan tentang sesuatu isu. Sekiranya sesuatu tuduhan dilemparkan kepada satu pihak, orang yang dituduh perlu diberikan peluang untuk menjawab. Jika hanya mendengar dakwaan daripada sebelah pihak tanpa penjelasan daripada pihak yang didakwa, mereka menganggap berlaku penindasan terhadap rakyat dan bertentangan dengan amalan demokrasi. Mereka juga mengharapkan bahawa media seharusnya menyatakan kebenaran. Hal ini dikatakan demikian kerana penonton dan pembaca sudah dapat menjangkakan sama ada berita itu benar atau tidak berasaskan pada maklumat lain yang mereka peroleh.

Bagi penonton televisyen dan pembaca akhbar, sebahagian besar mereka menilai berita berasaskan bukti. Mereka tidak boleh menerima berita dan maklumat yang tidak ada bukti. Selain itu, setiap berita dan maklumat mestilah mempunyai fakta yang jelas, bukan retorik. Bagi mereka, setiap berita dan maklumat mestilah mempunyai fakta, bukan berita yang sengaja diada-adakan. Sedikit demi sedikit, berita yang berbentuk retorik sudah tidak lagi diminati oleh penonton televisyen dan pembaca berita. Bagi mereka, berita retorik sudah lama meninggalkan zamannya. Penonton televisyen dan pembaca akhbar juga mengharapkan setiap berita yang disiarkan mestilah mempunyai fakta yang jelas selain data yang tidak diselewengkan. Pada mereka, kewibawaan atau integriti data ialah elemen yang sangat penting. Tidak salah untuk menyiarkan berita positif tentang negara, contohnya pandangan orang luar terhadap Malaysia. Namun begitu, dalam aspek tertentu, jika ada komen negatif terhadap Malaysia, hal tersebut juga perlu dimaklumkan supaya rakyat tahu dan berusaha untuk membetulkan keadaan. Media arus perdana sering melaporkan sesuatu pencapaian organisasi atau negara yang lengkap dengan datanya sekali, seperti kedudukan Malaysia dalam sesuatu penarafan antarabangsa. Sebaliknya, media menyembunyikan berita negatif tentang negara.

Media tidak perlu menyorokkan berita jika berlaku sesuatu penarafan yang rendah terhadap negara dalam sesuatu bidang lain. Jika keburukan ini disiarkan oleh media lain, bermakna media arus perdana dianggap cuba menyembunyikan fakta. Lama-kelamaan, rakyat tidak lagi percaya kepada media dalam penyiaran fakta dan data.

PENERANGAN

1　**Gajet:** peranti atau peralatan mekanikal terutamanya yang pintar atau baharu.

2　**Sijil Pelajaran Malaysia (SPM):** sejenis peperiksaan yang dianjurkan oleh Lembaga Peperiksaan Malaysia, usia purata pelajar semasa mengambil SPM ini ialah 17 tahun, iaitu semasa di Tingkatan 5 di sekolah menengah.

PERKATAAN BAHARU

segmen 部分	celik 认识，能辨识
setidak-tidaknya 至少，起码，最低限度	jemu 厌恶，讨厌
sebati 混合的，难以分解的	literasi 识字、阅读与写字的能力
wadah 工具，基础，方式	peka 细心
naluri 天性，本能	diselewengkan 脱离正轨，偏离方向
lunas-lunas 原则，本质	syak wasangka 猜忌，怀疑，疑心
kewartawanan 新闻业	kabur 模糊的，不清楚的
terpesong 偏移话题的，越轨的	retorik 修辞的，浮夸的
disogokkan 提供，给予	

LATIHAN

I Menjawab soalan pemahaman di bawah.

1. Ada yang dengan **bangganya** mengatakan mereka berhenti menonton setiap rancangan televisyen terutamanya segmen berita, sejak beberapa tahun lalu. Pada pendapat kamu, mengapa orang akan berasa bangga selepas berhenti menonton rancangan TV ?

2. Mengapa ada juga antara mereka yang sedih dan kecewa kerana terpaksa meninggalkan media tradisional?

3. Malah, *gajet yang mereka miliki itu* boleh memenuhi apa-apa juga maklumat yang mereka inginkan hanya dengan menaip "kata kunci". Dalam karangan ini, apakah disebutkan sebagai *gajet yang mereka miliki itu?*

4. Apakah sikap golongan muda yang menganggap televisyen, radio dan akhbar?

5. Golongan yang tidak lagi menonton televisyen atau membaca akhbar biasanya memberikan pelbagai **alasan** yang mereka tidak lagi mengikuti perkembangan semasa menerusi media berkenaan. Apakah alasan selalu diberikan oleh mereka?

6. Mengapa ada kumpulan yang tidak selesa dengan dasar media?

II Menterjemahkan ayat–ayat di bawah ini kepada bahasa Mandarin.

1. Bagi sesetengahnya pula, mereka berhenti daripada menonton televisyen atau membaca akhbar, kedua-duanya sekali dan menambah dengan mengatakan mereka tidak berasa kerugian tanpanya. Jika menonton televisyen atau membaca akhbar pun, semua itu hanyalah secara kebetulan.

2. Manakala, ada juga antara mereka yang sedih dan kecewa kerana terpaksa meninggalkan media tradisional yang sudah sebati dengan mereka kerana menganggap saluran atau wadah yang sebelum ini menjadi sumber untuk mendapatkan berita dan maklumat, tidak lagi memenuhi cita rasa dan kehendak naluri mereka, khasnya dalam konteks menyalurkan berita dan maklumat bagi kumpulan ini, mereka menganggap media tidak lagi berfungsi mengikut lunas-lunas kewartawanan. Bagi mereka, fungsi media sudah terpesong berikutan kepentingan politik dan komersial.

3. Pada mereka mengapakah perlu menonton televisyen atau mencari akhbar di gerai sedangkan dalam dunia teknologi internet membolehkan setiap orang mengakses maklumat menerusi media baharu. Media baharu juga berkembang pesat tanpa disedari

menerusi pelbagai aplikasi yang dilakukan oleh penyedia perkhidmatan atas talian. Masing-masing mengemas kini aplikasi masing-masing begitu pantas.

4. Ada antara mereka mengakui tidak lagi menonton televisyen atau membaca akhbar disebabkan mereka sudah pun mempunyai saluran atau platform baharu yang lebih canggih untuk mendapatkan maklumat yang mereka perlukan demi menjalani kehidupan setiap hari.

5. Pada masa yang sama mereka juga terpaksa sentiasa efisien. Berita yang mereka salurkan mesti pantas. Terpulanglah kepada pengguna untuk menerima maklumat daripada platform, portal berita dan laman-laman blog yang sesuai dengan cita rasa masing-masing. Bagi syarikat dan organisasi media, khasnya media arus perdana termasuk televisyen terkemuka, mereka tahu bahawa sebahagian daripada penonton televisyen atau pembaca akhbar sudah "lari" meninggalkan saluran dan akhbar kerana beranggapan bahawa media tidak lagi menjalankan fungsi sebagai penyalur maklumat yang bertanggungjawab.

6. Bagi penonton televisyen dan pembaca akhbar, sebahagian besar mereka menilai berita berasaskan bukti. Mereka tidak boleh menerima berita dan maklumat yang tidak ada bukti. Selain itu, setiap berita dan maklumat mestilah mempunyai fakta yang jelas, bukan retorik. Bagi mereka, setiap berita dan maklumat mestilah mempunyai fakta, bukan berita yang sengaja diada-adakan.

Ⅲ Sila rumuskan karangan yang panjangnya tidak melebihi 100 patah perkataan.

Teks A

Literasi Media "Kunci" Cabaran Era Siber

Cabaran era siber yang meliputi antaranya gangguan dan buli siber, penipuan, penularan berita palsu dan tidak benar serta pelbagai lagi, menuntut kepada agenda pemerkasaan literasi media dalam pelbagai peringkat rakyat.

Literasi media yang merujuk kepada keupayaan masyarakat dalam mengakses, memahami, menganalisis dan menilai sesuatu kandungan mesej atau maklumat, turut berkait rapat dengan kematangan mereka dalam mengendalikan teknologi komunikasi siber.

Meskipun negara mempunyai peruntukan undang-undang seperti Akta Jenayah Komputer 1997, Akta Komunikasi dan Multimedia 1998, Akta Hasutan 1948 dan beberapa akta lain yang boleh diguna pakai dalam menangani "ancaman" seumpama, namun perkara utama yang perlu dititikberatkan ialah pengamalan kawalan kendiri individu terutama dalam mengendalikan laman sosial masing-masing.

"Wabak" siber

Pensyarah Kanan dan Penyelidik di Advanced Communication Research Unit (ACRU), Pusat Pengajian Teknologi Multimedia & Komunikasi, Dr Mohd Khairie Ahmad berkata, laporan "BBC Science Focus Magazine" menyatakan bahawa pada tahun 2020, dunia disajikan dengan 1 200 petabytes maklumat (bersamaan 1.2 juta terabytes).

Jumlah maklumat ini hanyalah data dari empat buah syarikat teknologi komunikasi utama dunia iaitu Google, Amazon, Microsoft dan Facebook, tidak termasuk dari sumber lain.

Ironinya, mesej yang cuba disampaikan ialah masyarakat di seluruh dunia ketika ini berhadapan dengan lambakan maklumat.

Dan apa yang lebih membimbangkan ialah apabila maklumat itu tidak dipastikan kesahihannya, diolah, ditokok-tambah lalu disebar dan menjadi tular seterusnya memberi implikasi buruk kepada masyarakat dan negara.

"Selepas kira-kira 30 tahun internet diperkenalkan, kebebasan penyaluran dan perkongsian maklumat semakin menjadi kelaziman. Kepantasan perkembangan teknologi komunikasi siber berserta kebanjiran maklumat yang sukar dikawal telah mencetus pelbagai permasalahan baharu melibatkan jenayah siber, buli siber dan penularan berita tidak benar."

"Senario ini boleh diumpamakan sebagai 'wabak' siber yang boleh 'membarah' jika masyarakat tidak disediakan dengan pendidikan mengenai literasi atau celik media yang memerlukan rakyat mengamalkan kawalan kendiri", katanya kepada Bernama.

Memetik laporan agensi kreatif global *We Are Social dan Hootsuite*, Mohd Khairie berkata terdapat 3.8 bilion (hampir separuh populasi dunia) pengguna media sosial yang aktif. Laporan itu turut menyatakan 81 peratus populasi rakyat Malaysia atau kira-kira 26 juta orang adalah pengguna aktif media sosial.

"Data ini memberi gambaran betapa interaksi siber terutamanya media sosial mendominasi aliran maklumat negara. 'Defisit' kepercayaan terhadap media arus perdana termasuk beberapa institusi lain yang terlibat turut menambah kepada cabaran maklumat era siber ini."

"Seluruh masyarakat perlu mengambil langkah segera bagi memupuk pembudayaan literasi media. Ia boleh dimulakan dengan tindakan paling asas, contohnya, membangkitkan persoalan seperti adakah cara saya mengendalikan media sosial betul dan bermanfaat kepada diri sendiri dan masyarakat atau sebaliknya", jelasnya.

Libatkan semua peringkat

Meskipun literasi media dianggap sinonim dengan golongan muda, namun pendidikan mengenainya perlu dipromosi dan dipupuk di setiap peringkat seperti di sekolah rendah dan menengah, peringkat pengajian tinggi, masyarakat dewasa hatta warga emas kerana golongan itu tidak terkecuali terlibat dengan komunikasi siber.

Sebarang pengecualian atau kelompongan di mana-mana peringkat hanya akan membantutkan usaha pembudayaannya. Di samping itu, pelbagai pihak sama ada kerajaan, swasta mahupun pertubuhan bukan kerajaan perlu menggerakkan agenda pemupukan kesejahteraan siber seperti menganjurkan minggu kesejahteraan siber dan anugerah tokoh kesejahteraan siber dalam usaha menggalakkan amalan dan tatacara mengendalikan media sosial.

"Mereka yang menerima atau mengesan mana-mana 'amalan' tidak sihat dalam media sosial, perlu berani melaporkannya kepada pihak bertanggungjawab. Sebagai pengguna perlu memastikan maklumat yang diperoleh adalah dari sumber yang meyakinkan dan bersifat institusi, bukan daripada sebarang individu yang tidak dipastikan latar belakang."

"Mereka yang gemar menjadikan media sosial medan 'melepas' dan meluah perasaan juga perlu menjadi lebih matang dengan menyelesaikan masalah secara bersemuka dengan pihak terlibat berbanding menggunakan media sosial sebagai platform. Tindakan sebegitu hanya akan mengundang ruang untuk mana-mana pihak mengambil kesempatan termasuk melakukan penipuan."

"Hadkan penggunaan media sosial untuk tujuan yang jelas dan bermanfaat dan sentiasalah berusaha mencari maklumat dan mempelajari pelbagai kaedah untuk kesejahteraan siber", katanya sambil menambah langkah paling mudah untuk mematikan rantaian maklumat yang tidak jelas manfaatnya ialah dengan tidak berkongsi perkara yang tular.

Majlis Literasi Media

Malaysia juga mungkin perlu mempertimbang untuk mempunyai indeks atau kaedah pengukuran yang jelas bagi menunjukkan tahap literasi media negara kerana di negara barat dan Eropah khususnya, penanda aras telah dibangunkan dan penilaian turut dijalankan. Contohnya, *European Policies Initiative* yang memperkenalkan indeks literasi media dalam kalangan negara anggota EU.

"Sebagaimana dinyatakan oleh pemikir dalam bidang komunikasi siber, Jean Gabin Ntebutse dan Simon Collin, literasi atau celik media dan kesejahteraan siber perlu difahami dalam kerangka sosio-budaya, politik dan ekonomi sesebuah komuniti."

"Untuk itu, sudah tiba masanya bagi para pemikir serta penyelidik komunikasi dan media merangka indeks literasi media negara. Walaupun terdapat kajian terdahulu berkaitan literasi media, namun konsep literasi media hari ini lebih kompleks serta memerlukan pentafsiran dan pengukuran baharu yang lebih relevan," katanya.

Bagaimana pula dengan peruntukan undang-undang sedia ada? Adakah ia mencukupi bagi mengekang dan mengawal isu ancaman siber?

Menjawab persoalan itu, Mohd Khairie berkata, walaupun undang-undang sedia ada dilihat mampu menangani isu-isu berkaitan salah guna dan jenayah siber namun adalah lebih baik sekiranya sebuah agensi khas ditubuhkan bagi menyelaras dan menggerakkan agenda literasi media secara lebih sistematik.

"Agensi yang ada sekarang seperti Suruhanjaya Komunikasi dan Multimedia Malaysia (SKMM), lebih mengkhususkan kepada kawal selia teknologi komunikasi di samping beban tanggungjawab agensi itu juga semakin mencabar dengan kepesatan teknologi semasa hari ini."

"Negara boleh mengambil langkah segera dengan menubuhkan Majlis Literasi Media yang menerajui usaha pendidikan awam berhubung celik media dan kesejahteraan siber di samping berperanan menasihati kerajaan dalam hal-hal berkaitan."

"Dengan adanya inisiatif penubuhan majlis ini, langkah-langkah yang lebih tersusun dan menyeluruh dapat dirangka dengan menggembleng kepakaran ahli akademik dan golongan profesional serta pentadbiran," katanya sambil menambah negara maju termasuk negara jiran Singapura telah melaksanakan perkara itu.

Elak jadi budaya

Berkongsi pandangan, Presiden Persatuan Pengguna Siber Malaysia (MCCA), Siraj Jalil berkata isu ancaman siber yang turut menjadi kebimbangan di mana-mana negara, boleh mengundang kepada suasana tidak harmoni dalam kalangan rakyat majmuk sekiranya langkah pencegahan dan pendidikan tidak dijalankan.

"Ruang interaksi bebas yang membenarkan sesiapa sahaja melontar pandangan, berkongsi apa sahaja dalam media sosial serta menularkan maklumat yang diperoleh, bukan sahaja boleh mempengaruhi persepsi umum bahkan berisiko mengundang kepada salah faham, agenda fitnah dan hasutan."

"Tanpa tindakan pengawalan dan usaha pencegahan ia boleh mengakibatkan masyarakat terbiasa dengan perlakuan ini sekali gus menjadikannya sebagai suatu keseronokan dan budaya hidup," katanya sambil menambah kebimbangan jangka panjang ialah ideologi pemikiran generasi akan datang dipengaruhi oleh apa sahaja yang disajikan dalam media sosial.

Pada 1 September lepas, Kementerian Perpaduan Negara mengingatkan pengguna media sosial agar sentiasa mendukung prinsip Rukun Negara, khususnya yang kelima iaitu Kesopanan dan Kesusilaan dalam interaksi menerusi dunia maya bagi memelihara perpaduan masyarakat dan keharmonian negara.

Timbalan Menterinya Datuk Seri Ti Lian Ker berkata, sikap segelintir pengguna media sosial yang tidak menjaga perkataan dan adab ketika memuat naik status dilihat membimbangkan dan boleh mengganggu-gugat keamanan negara.

"Kuasa media sosial sangat hebat dan berpengaruh, banyak pengguna yang berselindung di sebalik akaun identiti palsu dan mengeluarkan komen tidak sopan dan menyinggung. Kita perlu menambah baik amalan dan budaya media sosial, perlu ada semak dan imbang," katanya.

 **PENERANGAN**

1 Akta Jenayah Komputer 1997

Akta Jenayah Komputer 1997 adalah berkaitan dengan kesalahan berkaitan penyalahgunaan komputer untuk tujuan melakukan jenayah. Di bawah akta ini, akses secara tidak sah atau mengubah apa-apa program atau data yang terdapat di dalam sesebuah komputer adalah salah dan boleh dikenakan hukuman. Akta ini juga berkesan kepada apa-apa jenayah yang dilakukan di luar malaysia walaupun kesalahan tersebut dilakukan oleh seseorang atau dari sesuatu tempat.

2 Akta Komunikasi dan Multimedia 1998

Akta Komunikasi dan Multimedia 1998 merupakan satu Akta berkenaan undang-undang siber dan dibentuk sebagai satu rangka kerja bagi camputrangan kerajaan Malaysia dalam memantau industri komunikasi dan multimedia. Aktiviti-aktiviti dan perkhidmatan-perkhidmatan yang dikawal di bawah akta ini termasuk penyiaran tradisional, telekomunikasi dan perkhidmatan atas talian, termasuk kemudahan dan rangkaian yang digunakan dalam memberikan perkhidmatan tersebut.

3 Akta Hasutan 1948

Akta Hasutan 1948 di Malaysia ialah undang-undang yang melarang wacana yang disifatkan sebagai hasutan, akta ini pada asalnya digubal oleh pihak berkuasa kolonial British Malaya pada tahun 1948 untuk membendung pemberontakan komunis tempatan.

PERKATAAN BAHARU

disajikan 呈现，提出

ironinya 讽刺的是，相反的是

diolah 加工，操作

ditokok-tambah 被添油加醋

sinonim 同义词

hatta 接着，然后，其次

indeks 索引，目录，指数

celik 识别，辨识

menggembleng 团结一致

lambakan/kebanjiran maklumat 信息泛滥

implikasi buruk 不良影响

literasi media/celik media 媒体素养

media arus perdana 主流媒体

meluah perasaan 宣泄情绪

melontar pandangan 发表意见

membantutkan 阻碍

LATIHAN

I **Menjawab soalan pemahaman berikut.**

1. Apakah cabaran era siber?

2. Apakah konsep Literasi Media?

3. Apakah nasihat penulis terhadap penglibatan semua peringkat masyarakat dalam memupuk pembudayaan literasi media?

4. Adakah undang-undang sedia ada mencukupi bagi mengekang dan mengawal isu ancaman siber? Kenapakah penulis mencadangkan bahawa pihak kerajaan harus menubuhkan Majlis Literasi Media?

5. Apakah langkah-langkah boleh diambil oleh pihak berkenaan untuk mengelakkan berlakunya ketidaksopanan pengguna media sosial menjadi suatu keseronokan dan budaya hidup?

II **Menterjemahkan ayat-ayat di bawah ini kepada bahasa Mandarin.**

1. "Selepas kira-kira 30 tahun internet diperkenalkan, kebebasan penyaluran dan perkongsian maklumat semakin menjadi kelaziman. Kepantasan perkembangan teknologi komunikasi siber berserta kebanjiran maklumat yang sukar dikawal telah mencetus pelbagai permasalahan baharu melibatkan jenayah siber, buli siber dan penularan berita tidak benar. "Senario ini boleh diumpamakan sebagai 'wabak' siber yang boleh 'membarah' jika masyarakat tidak disediakan dengan pendidikan mengenai literasi atau celik media yang memerlukan rakyat mengamalkan kawalan kendiri," katanya kepada Bernama.

2. "Data ini memberi gambaran betapa interaksi siber terutamanya media sosial mendominasi aliran maklumat negara. 'Defisit' kepercayaan terhadap media arus perdana termasuk beberapa institusi lain yang terlibat turut menambah kepada cabaran maklumat era siber ini." "Seluruh masyarakat perlu mengambil langkah segera bagi memupuk pembudayaan literasi media. Ia boleh dimulakan dengan tindakan paling asas, contohnya, membangkitkan persoalan seperti adakah cara saya mengendalikan media sosial betul dan bermanfaat kepada diri sendiri dan masyarakat atau sebaliknya", jelasnya.

3. "Mereka yang gemar menjadikan media sosial medan 'melepas' dan meluah perasaan juga perlu menjadi lebih matang dengan menyelesaikan masalah secara bersemuka dengan pihak terlibat berbanding menggunakan media sosial sebagai platform. Tindakan sebegitu hanya akan mengundang ruang untuk mana-mana pihak mengambil kesempatan termasuk melakukan penipuan."

4. "Tanpa tindakan pengawalan dan usaha pencegahan ia boleh mengakibatkan masyarakat terbiasa dengan perlakuan ini sekali gus menjadikannya sebagai suatu keseronokan dan budaya hidup," katanya sambil menambah kebimbangan jangka panjang ialah ideologi pemikiran generasi akan datang dipengaruhi oleh apa sahaja yang disajikan dalam media sosial.

5. Pada 1 September lepas, Kementerian Perpaduan Negara mengingatkan pengguna media sosial agar sentiasa mendukung prinsip Rukun Negara, khususnya yang kelima iaitu "Kesopanan dan Kesusilaan" dalam interaksi menerusi dunia maya bagi memelihara perpaduan masyarakat dan keharmonian negara.

Teks B

Baik Buruk Dunia Siber

Zaman berubah. Kanak-kanak tidak lagi ditemani permainan, seperti anak patung, pelbagai jenis robot, dan kereta mini yang comel. Pada hari ini, kanak-kanak memilih permainan yang lebih mencabar dan mampu berkomunikasi dengan mereka secara audio atau memaparkan pergerakan yang lebih menyeronokkan. Permainan ini dicipta untuk mengawal minda mereka dan "menangkap" perhatian mereka terhadap sesuatu yang suka dilihat. Semua ini dicipta dalam bentuk permainan elektronik dan pelbagai aplikasi yang boleh diakses secara dalam talian.

Untuk tempoh 10 tahun belakangan ini, minat kanak-kanak terhadap permainan mereka berubah daripada bentuk fizikal kepada visual yang tidak dapat disentuh, tetapi berupaya menarik minat mereka. Keadaan ini mengakibatkan kanak-kanak lebih cepat mengenal telefon bimbit dan komputer mini kerana kedua-dua peralatan ini mudah dibawa ke mana-mana sahaja dan yang lebih penting lagi, peralatan tersebut wajib dimiliki setiap ibu bapa.

Daripada permainan komputer, kanak-kanak beralih kepada permainan secara dalam talian. Yang menariknya, permainan tersebut dapat mewujudkan interaksi antara seorang kanak-kanak dengan kanak-kanak yang lain tanpa mengenal lokasi. Dalam kebanyakan telefon pintar pada hari ini, terdapat aplikasi khusus yang direka untuk permainan dalam talian yang dapat menghubungkan pengguna telefon pintar di seluruh dunia.

Pendedahan ini pada akhirnya akan mewujudkan hubungan "asing" antara kanak-kanak dengan orang yang tidak dikenali secara maya. Sesetengah pihak melihat perkembangan ini sebagai komunikasi pada zaman serba moden dan perlu dilihat dari sudut yang positif, iaitu melalui komunikasi, minda kanak-kanak dapat dikembangkan dan pelbagai perkongsian ilmu yang sihat dapat diwujudkan.

Namun begitu, kesibukan ibu bapa dengan tuntutan rutin harian juga menyebabkan sesetengahnya melihat telefon pintar dan komputer riba sebagai sesuatu yang dapat memenuhi keperluan anak mereka. Pemberian alatan elektronik itu, pada hakikatnya, bukanlah kaedah terbaik dalam proses pembesaran kanak-kanak kerana mereka mungkin terdedah kepada pelbagai risiko yang tidak diingini，apatah lagi jika penggunaan peralatan tersebut mempunyai akses terhadap internet yang tidak dipantau.

Hal ini ditambah lagi apabila kebergantungan terlalu lama terhadap alam siber membuatkan kanak-kanak menanggung risiko ketagihan internet, terdedah kepada bahan pornografi, eksploitasi diri, buli siber, keganasan, penderaan, dan penipuan dalam talian.

Di Malaysia, baru-baru ini Polis Diraja Malaysia (PDRM) mengumumkan penubuhan Unit Siasatan Siber Seksual Kanak-kanak (CCSI) bagi menangani kes jenayah baharu, iaitu kegiatan eksploitasi kanak-kanak melalui media sosial. Ketua Polis Negara, Tan Sri Khalid Abu Bakar, menjelaskan bahawa pasukan berkenaan akan dikendalikan oleh Jabatan Siasatan Jenayah Komersial Bukit Aman.

Menurut beliau, CCSI ditubuhkan untuk menangani kes serangan seksual, keganasan rumah tangga, dan keganasan terhadap kanak-kanak yang semakin hari semakin kompleks dan rumit. Hal tersebut belum mengambil kira kes baharu yang melibatkan eksploitasi terhadap wanita, gadis, dan kanak-kanak tanpa sentuhan fizikal daripada penjenayah, iaitu menggunakan medium media sosial. Dalam pada itu, Tan Sri Khalid mendedahkan bahawa terdapat warga asing yang menjalankan aktiviti serangan seksual terhadap gadis dan

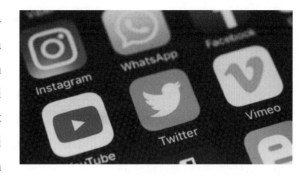

kanak-kanak di negara ini melalui media sosial.

"Modus operandi yang digunakan dikenali *cyber sexual grooming*, iaitu kumpulan yang terlibat 'melatih' mangsa untuk melakukan aksi seksual melalui internet. Mereka menggunakan ayat yang manis untuk memperdayakan mangsa dan jenayah tersebut dipercayai aktif sejak beberapa bulan lalu" katanya.

Tanpa mendedahkan bilangan kes yang berlaku, Tan Sri Khalid berkata, siasatan awal mendapati bahawa kanak-kanak seawal usia 13 tahun antara yang terlibat dalam aktiviti itu dan jenayah tersebut lebih menyasarkan kanak-kanak perempuan.

Pada Jun 2014, isteri Perdana Menteri, Datin Seri Rosmah Mansor, mencadangkan agar kanak-kanak dan remaja di negara ini perlu dilengkapi ilmu pengetahuan mengenai jenayah siber yang semakin berleluasa. Hal ini dikatakan demikian kerana golongan berkenaan perlu dididik agar lebih bijak melayari internet bagi memastikan tindakan mereka tidak mendatangkan impak negatif terhadap diri mereka, keluarga dan negara.

Dengan lebih daripada 17.5 juta orang pengguna internet di negara ini, tidak mustahil ada dalam kalangan mereka yang menjadi mangsa penipuan dan jenayah pihak yang tidak bertanggungjawab. Oleh itu, banyak pihak yang menyokong saranan Datin Seri Rosmah yang mahu melihat kanak-kanak di negara ini dilatih berfikir terlebih dahulu secara rasional dan bukannya mengikut emosi ketika melayari internet.

Kerana peka dengan keadaan yang berlaku, Datin Seri Rosmah turut mencadangkan pelbagai program diperkenalkan untuk memberikan kesedaran kepada kanak-kanak berhubung dengan risiko jenayah siber, seperti *safe on the net* yang memberikan fokus kepada pendidikan alam siber yang melibatkan murid sekolah. Katanya, program tersebut yang dijalankan oleh Pandu Puteri Cawangan Putrajaya sejak Oktober 2014 turut mendapat kerjasama penuh daripada Cybersecurity Malaysia, iaitu agensi di bawah Kementerian Sains, Teknologi dan Inovasi.

Sementara itu, Menteri Pembangunan Wanita, Keluarga dan Masyarakat, Datuk Seri Rohani Abdul Karim, menjelaskan bahawa pada hari ini, banyak ibu bapa yang menganggap lebih baik anak mereka melayari internet di rumah daripada keluar berpeleseran tanpa arah tujuan.

"Ibu bapa sepatutnya melihat laman yang dilayari, sama ada sesuai untuk anak mereka ataupun tidak, dan jika cara ini dilakukan, setidak-tidaknya hal ini akan dapat mengekang anak daripada menyalahgunakan kemudahan yang disediakan di rumah. Kadangkala anak tidak tahu akan baik buruk internet. Mereka masih naif, mudah dipengaruhi, dan terlalu mudah mendedahkan identiti diri apabila diminta berbuat demikian," ujar beliau.

Tidak dinafikan bahawa internet berupaya meningkatkan inovasi dan mengasah kemahiran intelektual. Untuk membolehkan pemikiran rakyat berkembang, mereka perlu akur terhadap perkembangan dunia dan mengaplikasikannya dalam kehidupan. Begitu pun, masyarakat perlu sedar bahawa setiap perkembangan teknologi akan ada kesan buruknya sekiranya disalahgunakan, apatah lagi oleh kanak-kanak yang sudah pasti belum tahu membezakan antara baik dengan buruk.

 **PERKATAAN BAHARU**

visual 视觉的，看得见的	modus operandi 方法，做法
riba 膝上，大腿上	*cyber sexual grooming* 网络性诱导
terdedah 暴露	berleluasa 随心所欲
ketagihan 沉迷，沉溺	peka 关心
pornografi 色情描写	berpeleseran 流浪，徘徊
eksploitasi 利用，剥削	naif 天真
buli siber 网络霸凌	mengasah 磨练，磨砺
penderaan 虐待，惩罚	akur 赞同

LATIHAN

I **Menterjemahkan ayat-ayat di bawah ini kepada bahasa Mandarin.**

1. Untuk tempoh 10 tahun belakangan ini, minat kanak-kanak terhadap permainan mereka berubah daripada bentuk fizikal kepada visual yang tidak dapat disentuh, tetapi berupaya menarik minat mereka. Keadaan ini mengakibatkan kanak-kanak lebih cepat mengenal telefon bimbit dan komputer mini kerana kedua-dua peralatan ini mudah dibawa ke mana-mana sahaja dan yang lebih penting lagi, peralatan tersebut wajib dimiliki setiap ibu bapa.

2. Pemberian alatan elektronik itu, pada hakikatnya, bukanlah kaedah terbaik dalam proses pembesaran kanak-kanak kerana mereka mungkin terdedah kepada pelbagai risiko yang tidak diingini, apatah lagi jika penggunaan peralatan tersebut mempunyai akses terhadap internet yang tidak dipantau.

3. Menurut beliau, CCSI ditubuhkan untuk menangani kes serangan seksual, keganasan rumah tangga, dan keganasan terhadap kanak-kanak yang semakin hari semakin kompleks dan rumit. Hal tersebut belum mengambil kira kes baharu yang melibatkan eksploitasi terhadap wanita, gadis, dan kanak-kanak tanpa sentuhan fizikal daripada penjenayah, iaitu menggunakan medium media sosial.

4. Pada Jun 2014, isteri Perdana Menteri, Datin Seri Rosmah Mansor, mencadangkan agar kanak-kanak dan remaja di negara ini perlu dilengkapi ilmu pengetahuan mengenai jenayah siber yang semakin berleluasa, Hal ini dikatakan demikian kerana golongan berkenaan perlu dididik agar lebih bijak melayari internet bagi memastikan tindakan mereka tidak mendatangkan impak negatif terhadap diri mereka, keluarga dan negara.

5. "Ibu bapa sepatutnya melihat laman yang dilayari, sama ada sesuai untuk anak mereka ataupun tidak, dan jika cara ini dilakukan, setidak-tidaknya hal ini akan dapat mengekang anak daripada menyalahgunakan kemudahan yang disediakan di rumah. Kadangkala anak tidak tahu akan baik buruk internet. Mereka masih naif, mudah dipengaruhi, dan terlalu mudah mendedahkan identiti diri apabila diminta berbuat demikian," ujar beliau.

II **Sila rumuskan karangan yang panjangnya tidak melebihi 100 patah perkataan.**

Teks A

Transformasi Kesalinghubungan di Malaysia

Menurut Suruhanjaya Komunikasi dan Multimedia Malaysia(SKMM), pengkomersialan teknologi generasi kelima (5G) menjelang suku ketiga tahun 2020 bakal mengubah tahap kesalinghubungan dalam negara, sekali gus meletakkan Malaysia antara negara yang terawal di rantau ASEAN untuk melaksanakan 5G.

5G bukan sahaja berkisar kepada usaha untuk meningkatkan kelajuan dan kesalinghubungan semata-mata, tetapi 5G ialah pemboleh ubah yang penting kepada ekonomi negara yang akan mempengaruhi kehidupan rakyat, perniagaan, serta kerajaan secara holistik.

Laporan terkini oleh Institut Penyelidikan Ekonomi Malaysia (MIER) mengenai impak ekonomi pelaksanaan perkhidmatan 5G di Malaysia menjangkakan sumbangan daripada teknologi 5G kepada ekonomi negara akan mencecah RM12.7 bilion bagi tempoh antara tahun 2021 hingga tahun 2025. Jumlah ini diyakini mampu mewujudkan lebih 39 ribu peluang pekerjaan baharu sepanjang tempoh tersebut.

Bagi menggalakkan pembangunan ekosistem 5G, geran dengan peruntukan permulaan sebanyak RM50 juta turut disediakan untuk merangsang penerimaan kes kegunaan 5G oleh pihak industri dan sektor awam, merentasi vertikal，seperti automotif, pembuatan, keselamatan awam, pendidikan, pertanian, pelancongan, hiburan dan media.

Selain itu, SKMM dengan kerjasama pihak berkepentingan dan syarikat telekomunikasi terkemuka negara, iaitu Celcom Axiata Berhad, Digi Telecommunications Sdn. Bhd.,

Eciotco Malaysia Sdn. Bhd., Maxis Broadbrand Sdn. Bhd., Telekom Malaysia Berhad, U Mobile Sdn. Bhd. Petroliam Nasional Berhad dan YTL Communications Sdn. Bhd. turut menjalankan projek demonstrasi 5G di enam buah negeri yang melibatkan jumlah pelaburan sebanyak RM143 juta.

Sebanyak 100 kegunaan 5G di bawah sembilan vertikal telah dikenal pasti, iaitu pertanian, pendidikan, hiburan atau media, penjagaan kesihatan, pengilangan, minyak dan gas, bandar pintar, pengangkutan pintar dan pelancongan.

Sebagai sorotan, persediaan Malaysia ke arah pelaksanaan teknologi 5G bermula apabila Pasukan Petugas Khas 5G yang dianggotai oleh 114 orang ahli daripada kalangan penyedia perkhidmatan, pihak akademik, kementerian dan agensi yang berkaitan ditubuhkan pada November 2018. Pasukan Petugas tersebut yang diamanahkan untuk mengesyorkan strategi pelaksanaan 5G negara telah pun memuktamadkan saranan mereka dan laporan akhir tersebut diserahkan kepada Menteri Komunikasi dan Multimedia, Gobind Singh Deo, pada Persidangan Antarabangsa 5G Malaysia di Langkawi, pada 20 Januari 2020.

Usaha SKMM untuk memperkenalkan teknologi 5G kepada rakvat juga turut diperhebat dengan penganjuran Pameran 5G Malaysia dari 18 hingga 21 April 2019. Bertempat di Kompleks Perbadanan Putrajaya, Pameran 5G Malaysia memberikan peluang kepada orang ramai untuk melihat dan menikmati secara langsung manfaat daripada teknologi tersebut. Hampir 10 ribu orang pengunjung melawat pameran tersebut yang menunjukkan rakyat di negara ini tidak sabar untuk menikmati teknologi 5G.

Pada 1 Julai 2019 hingga 30 Ogos 2019 pula, SKMM mengumumkan jemputan kerjasama kepada para pemegang sah lesen Penyedia Kemudahan Rangkaian (NFP) dan Penyedia Perkhidmatan Rangkaian (NSP) untuk mengemukakan kertas cadangan bagi Projek Demonstrasi 5G. Hal ini bertujuan untuk membangunkan dan menguji kegunaan 5G di Malaysia.

Sementara itu, pada 31 Disember 2019, SKMM telah mengumumkan laporan akhir berhubung dengan peruntukan spektrum bagi perkhidmatan jalur lebar mudah alih negara bagi jalur spektrum 700 MHz, 2300 MHz dan 2600 MHz. Menurut laporan itu, SKMM telah mengenal pasti jalur spektrum 700 MHz, 3.5 GHz dan 26/28 GHz sebagai jalur spektrum rintis untuk pelaksanaan 5G di Malaysia.

Memandangkan pengkomersialan 5G dijangka bermula seawal suku ketiga tahun ini, yang membolehkan sektor telekomunikasi tempatan meneruskan momentumnya, Kenanga Research memaklumkan bahawa SKMM sudah mengenal pasti pelaksanaan 5G nasional yang akan dibangunkan pada jalur (spektrum frekuensi) 700MHz, 3.5GHz dan 26/28GHz, dengan penawaran awal menggunakan dua jalur pertama yang akan diurus oleh konsortium pelbagai pemegang lesen.

Merealisasikan teknologi 5G di negara ini sudah pasti akan memberikan impak yang besar terhadap ekonomi negara. Penggunaan teknologi itu juga akan memberikan kesan kepada cara mencorakkan masyarakat yang bersedia menghadapi ekonomi masa hadapan dalam menuju Revolusi Industri 4.0 (IR 4.0).

Selain memberikan impak yang besar dalam ekonomi, teknologi 5G juga akan membawa revolusi mega dalam pendidikan. Menurut Perdana Menteri, Tun Dr. Mahathir Mohamad, 5G akan menjamin kualiti pendidikan yang akan disebarluaskan ke seluruh negara dan menghubung serta menyatukan kawasan bandar dengan luar bandar.

"Pengajaran boleh melangkaui bilik darjah, manakala pelajar boleh berinteraksi dalam pelbagai cara yang berbeza daripada apa-apa yang kita lakukan pada hari ini. Dengan IR 4.0 menjengah kita, maka hal ini akan menjadi lebih penting untuk membangunkan kemahiran yang perlu ada dalam kalangan anak muda Malaysia yang memerlukan bukan sahaja kemahiran yang dipacu data, tetapi juga ketangkasan minda. Zaman ini memerlukan tahap pemikiran baharu, dan dalam banyak kes, pendekatan yang diperlukan dalam perniagaan adalah sesuatu yang berbeza daripada sebelumnya dan inovatif," kata Tun Dr. Mahathir, ketika merasmikan Pameran 5G di Putrajaya.

Beliau juga menjelaskan bahawa ahli perniagaan perlu melengkapkan diri mereka dengan pengetahuan baharu dan mengambil risiko menggunakan teknologi 5G yang bukan sahaja untuk meningkatkan pengeluaran dan produktiviti, tetapi juga untuk mencipta produk, perkhidmatan baharu, kaedah dan proses baharu.

Menyedari akan kepentingan 5G

kepada ekonomi negara, Tun Dr. Mahathir turut menggesa para pemimpin perniagaan supaya segera melaksanakan IR 4.0 dan menambah perancangan mereka dengan strategi yang komprehensif untuk membesarkan perniagaan serta untuk kekal dinamik dan berdaya saing agar usahawan di negara ini bukan sahaja mampu merancakkan ekonomi negara malah mampu bersaing pada peringkat antarabangsa.

Pada hakikatnya, teknologi baharu 5G menjanjikan perubahan dalam hidup kita dengan menghubungkan berjuta-juta peranti dan membolehkan segala-galanya menjadi kenyataan daripada kereta tanpa pemandu sehinggalah kepada rumah pintar. Dengan kelajuan sehingga 20 kali ganda lebih pantas daripada 4G yang kita gunakan sekarang, teknologi kilat 5G akan mempercepat dan menyambungkan segala-galanya tanpa mustahil.

Tidak hairanlah Amerika Syarikat (AS) dan China berlumba-lumba menjadi juara terhebat teknologi 5G, meskipun AS dilihat sedikit ketinggalan daripada China, namun negara kuasa besar dunia itu tetap percaya bahawa teknologi 5G akan mendatangkan rangsangan ekonomi yang amat besar kepada AS seperti yang pernah diraihnya ketika menguasai teknologi 4G yang lalu. Oleh itu, langkah Malaysia melancarkan teknologi 5G pada tahun ini dilihat sebagai langkah yang paling tepat dalam melonjakkan lagi ekonomi negara sekali gus mengubah kemajuan Malaysia seiring dengan perkembangan teknologi yang melangkaui keupayaan manusia.

 **PERKATAAN BAHARU**

berkisar 环绕，集中（某一话题）	jalur spektrum 频谱带
pemboleh ubah 变数	rintis 首创
holistik 全面的	momentumnya 冲力
ekosistem 生态系统	spektrum frekuensi 频率谱
geran 契约，地契	konsortium 联营企业，财团
automotif 汽车的，自动化的	disebarluaskan 被散布
sorotan 光芒，分析	menjengah 探望，拜访
demonstrasi 示范	dipacu 被加速
spektrum 光谱	melengkapkan diri 完善自我
jalur lebar 频带	kilat 闪电

LATIHAN

I Menjawab soalan pemahaman di bawah.

1. Apakah pembangunaan 5G di Malasyia sekarang?

2. Apakah antara usaha SKMM untuk memperkenalkan teknologi 5G kepada rakvat?

3. Mengikut karangan ini, manakah bidang akan dimanfaatkan oleh Teknologi 5G?

4. Apakah pendapat Perdana Menteri Tun Dr. Mahathir kepada pemimpin perniagaan dalam penggunaan teknologi 5G?

II Menterjemahkan ayat-ayat di bawah ini kepada bahasa Mandarin.

1. Laporan terkini oleh Institut Penyelidikan Ekonomi Malaysia (MIER) mengenai impak ekonomi pelaksanaan perkhidmatan 5G di Malaysia menjangkakan sumbangan daripada teknologi 5G kepada ekonomi negara akan mencecah RM12.7 bilion bagi tempoh antara tahun 2021 hingga tahun 2025. Jumlah ini diyakini mampu mewujudkan lebih 39 ribu peluang pekerjaan baharu sepanjang tempoh tersebut.

2. Pasukan Petugas tersebut yang diamanahkan untuk mengesyorkan strategi pelaksanaan 5G negara telah pun memuktamadkan saranan mereka dan laporan akhir tersebut diserahkan kepada Menteri Komunikasi dan Multimedia, Gobind Singh Deo, pada Persidangan Antarabangsa 5G Malaysia di Langkawi，pada 20 Januari 2020.

3. "Pengajaran boleh melangkaui bilik darjah, manakala pelajar boleh berinteraksi dalam pelbagai cara yang berbeza daripada apa-apa yang kita lakukan pada hari ini. Dengan IR 4.0 menjengah (探望，拜访) kita, maka hal ini akan menjadi lebih penting untuk membangunkan kemahiran yang perlu ada dalam kalangan anak muda Malaysia yang memerlukan bukan sahaja kemahiran yang dipacu (被加速) data, tetapi juga ketangkasan minda.

4. Menyedari akan kepentingan 5G kepada ekonomi negara, Tun Dr. Mahathir turut menggesa para pemimpin perniagaan supaya segera melaksanakan IR 4.0 dan menambah perancangan mereka dengan strategi yang komprehensif untuk membesarkan perniagaan serta untuk kekal dinamik dan berdaya saing agar usahawan di negara ini bukan sahaja mampu merancakkan ekonomi negara malah mampu bersaing pada peringkat antarabangsa.

5. Pada hakikatnya, teknologi baharu 5G menjanjikan perubahan dalam hidup kita dengan menghubungkan berjuta-juta peranti dan membolehkan segala-galanya menjadi kenyataan daripada kereta tanpa pemandu sehinggalah kepada rumah pintar. Dengan kelajuan sehingga 20 kali ganda lebih pantas daripada 4G yang kita gunakan sekarang, teknologi kilat 5G akan mempercepat dan menyambungkan segala-galanya tanpa mustahil.

Teks B

5G Memacu Kemajuan Negara

Menurut Gobind，5G akan memperkuat keupayaan Malaysia untuk menyertai Revolusi Industri 4.0 (IR 4.0), selain membolehkan industri memanfaatkan sepenuhnya kecerdasan buatan (artificial intelligence), robotik, data raya (big data), realiti maya dan kejuruteraan perisian. Jika Koridor Raya Multimedia (MSC) telah meletakkan Malaysia pada peta dunia kira-kira 23 tahun yang lalu, kini teknologi 5G pula akan mencorakkan perjalanan negara yang berikutnya ke satu era yang lebih cemerlang dan produktif.

Apa-apa yang disuarakan oleh Gobind bukanlah sesuatu yang mustahil dan tidak mampu dilaksanakan oleh negara. Sebaliknya, Malaysia sudah pun mempunyai asas yang kukuh dalam pelbagai aspek, seperti infrastruktur, dasar dan kesungguhan politik oleh pemimpin negara untuk menjayakan pelaksanaan projek berkenaan. Oleh itu, apabila diumumkan bahawa teknologi 5G bakal dikomersialkan di dalam negara menjelang suku ketiga tahun 2020，hal itu sebenarnya merupakan satu pencapaian yang boleh dibanggakan. Jiran Malaysia, iaitu Singapura sebagai contohnya, dilaporkan akan memperkenalkan perkhidmatan 5G menjelang tahun 2022 bagi mengekalkan daya saingnya dalam pembangunan teknologi.

Pada hakikatnya, kemunculan teknologi baharu dalam kehidupan seharian menuntut suatu pendekatan baharu dalam mendepani cabaran yang mendatang. Lantaran itu, teknologi 5G akan menjadi pemangkin dan pemacu kepada kemajuan negara dan kehidupan rakyat secara menyeluruh.

Manfaat Teknologi 5G Yang Melimpah-Ruah

Daripada aktiviti seharian penduduk seperti pertanian, urusan perniagaan secara dalam talian sehinggalah urusan berjumpa dengan doktor sekalipun, semuanya mungkin dengan 5G. Hal ini terbukti apabila teknologi 5G dijangka dapat menyediakan tahap kelajuan dan kebolehpercayaan internet yang lebih tinggi yang membolehkan pemindahan data yang lebih pantas berbanding dengan teknologi generasi terdahulu (3G dan 4G). Hal ini sekali gus membawa perubahan besar dan memberikan manfaat kepada gaya hidup masyarakat di negara ini.

Pada masa yang sama, 5G juga bakal membawa perubahan besar kepada masyarakat dengan gaya hidup yang lebih pintar dan efisien. Misalnya, sistem pembelajaran dalam talian yang lebih mudah dan komunikasi yang lebih baik untuk memudahkan pekerjaan. Hal ini bermakna, amalan bekerja dari rumah boleh menjadi budaya pada masa hadapan kerana komunikasi antara ketua dengan sesama rakan sekerja dapat dilakukan dengan mudah secara dalam talian.

Keadaan yang sama dapat kita perhatikan apabila teknologi 5G akan membolehkan robot, dron dan peralatan menggunakan teknologi digunakan bagi menggantikan kerja yang selama ini dikendalikan menggunakan tenaga manusia. Bagi mereka yang sentiasa berulang-alik ke hospital pula, usah bimbang kerana selepas ini dengan adanya 5G akan

membolehkan para doktor membantu pesakit dalam proses diagnosis dan rawatan termasuk pembedahan kompleks biarpun mereka (doktor) tidak perlu hadir secara fizikal. Sementara itu, dalam kalangan petani, penternak dan nelayan juga tidak terkecuali daripada menerima impak teknologi berkenaan. Menerusi 5G, akan dapat membantu petani mengesan kadar kelembapan tanah secara maya bagi memaksimumkan hasil. Bagi golongan nelayan pula, mereka dapat melihat keadaan laut secara masa nyata untuk memaksimumkan hasil tangkapan mereka.

Laporan yang dikeluarkan oleh Institut Penyelidikan Ekonomi Malaysia atau MIER baru-baru ini mendedahkan bahawa pelaksanaan 5G boleh menyumbang hampir RM12.7 bilion kepada Keluaran Dalam Negara Kasar (KDNK) negara serta mampu mewujudkan sebanyak 40 ribu peluang pekerjaan baharu dalam tempoh lima tahun yang akan datang.

Oleh itu, apa-apa yang diperkatakan oleh Perdana Menteri Tun Dr. Mahathir Mohamad pada majlis perasmian Projek Demonstrasi 5G (5GDP) di Langkawi pada 19 Januari lalu, adalah amat berasas.

Menurut beliau, penumpuan kepada teknologi 5G akan menawarkan peluang baharu kepada industri, masyarakat, bahkan juga orang perseorangan untuk memperkasakan cita-cita digital mereka sekali gus menawarkan perkhidmatan yang lebih baik lagi bermutu. Pada masa yang sama, ujar Tun Dr. Mahathir, Malaysia mampu mencapai objektif menjadi sebuah negara maju lebih awal sebelum tahun 2030 (barangkali menjelang tahun 2025) sekiranya semua pihak dapat mengaplikasikan penggunaan teknologi 5G dengan betul untuk pembangunan.

"Malaysia akan dapat ditadbir urus dengan lebih baik melalui teknologi 5G kerana teknologi ini membolehkan tahap produktiviti meningkat memandangkan rakyat dapat membuat pilihan dan keputusan dengan lebih cepat dan tepat. Dengan itu juga, negara akan dapat merapatkan jurang ketidaksaksamaan dan meningkatkan pertumbuhan yang inklusif seiring dengan matlamat Wawasan Kemakmuran Bersama (WKB)" jelas Tun Dr. Mahathir.

Perjalanan Pelaksanaan 5G Di Malaysia

Rakyat di negara ini tidak perlu resah mahupun tertanya-tanya apakah pelan komprehensif kerajaan untuk teknologi 5G di Malaysia. Sebenarnya, proses untuk merealisasikan pelaksanaan teknologi 5G telah bermula seawal dua tahun yang lalu dengan penubuhan Pasukan Petugas Khas 5G pada November 2018. Pasukan Petugas Khas yang terdiri dalam kalangan pihak berkepentingan dan pemain industri diberikan mandat untuk mengkaji serta mengesyorkan satu strategi holistik untuk pelaksanaan 5G di Malaysia.

Sepanjang tempoh 12 bulan yang lalu, Pasukan Petugas Khas 5G telah melaksanakan pelbagai aktiviti termasuk menjalankan ujian percubaan 5G yang terdiri daripada Pameran

5G dan ujian di lapangan untuk memahami keupayaan teknikal dan prestasi teknologi 5G. Panggilan untuk kerjasama bagi ujian percubaan pertama 5G telah diumumkan pada November 2018. Selanjutnya, bermula pada 18 hingga 21 April 2019, Pameran 5G Malaysia telah dianjurkan di Kompleks Perbadanan Putrajaya selama empat hari yang bertujuan untuk memberikan peluang kepada rakyat Malaysia melihat dan merasai sendiri manfaat yang akan dibawa oleh 5G dan bagaimana teknologi ini akan memberikan impak positif kepada kehidupan seharian.

Dalam pada itu, satu bengkel dengan kerjasama pelbagai kementerian dan pihak berkepentingan yang relevan telah dianjurkan pada 27 Jun 2019 lalu untuk mewujudkan kesedaran dalam kalangan penggubal dasar mengenai manfaat 5G, mengenai pasti halangan dalam peraturan yang sedia ada bagi sektor tertentu serta kes kegunaan 5G yang berimpak tinggi.

PERKATAAN BAHARU

mendepani 面对

melimpah-ruah 溢出，满溢，泛滥

dron 无人机

memaksimumkan 最大化

memperkasakan 使变强

ditadbir urus 被治理

produktiviti 生产力

ketidaksaksamaan 不平等

inklusif 包容性

resah 不安，烦恼

tertanya-tanya 经常问起，疑惑

LATIHAN

I **Menterjemahkan ayat-ayat di bawah ini kepada bahasa Mandarin.**

1. Daripada aktiviti seharian penduduk seperti pertanian, urusan perniagaan secara dalam talian sehinggalah urusan berjumpa dengan doktor sekalipun, semuanya mungkin dengan 5G. Hal ini terbukti apabila teknologi 5G dijangka dapat menyediakan tahap kelajuan dan kebolehpercayaan internet yang lebih tinggi yang membolehkan pemindahan data yang lebih pantas berbanding dengan teknologi generasi terdahulu (3G dan 4G).

2. Bagi mereka yang sentiasa berulang-alik ke hospital pula, usah bimbang kerana selepas ini dengan adanya 5G akan membolehkan para doktor membantu pesakit dalam proses diagnosis dan rawatan termasuk pembedahan kompleks biarpun mereka (doktor) tidak perlu hadir secara fizikal.

3. Menerusi 5G, akan dapat membantu petani mengesan kadar kelembapan tanah secara maya bagi memaksimumkan hasil. Bagi golongan nelayan pula, mereka dapat melihat keadaan laut secara masa nyata untuk memaksimumkan hasil tangkapan mereka.

4. Selanjutnya, bermula pada 18 hingga 21 April 2019, Pameran 5G Malaysia telah dianjurkan di Kompleks Perbadanan Putrajaya selama empat hari yang bertujuan untuk memberikan peluang kepada rakyat Malaysia melihat dan merasai sendiri manfaat yang akan dibawa oleh 5G dan bagaimana teknologi ini akan memberikan impak positif kepada kehidupan seharian.

II **Sila rumuskan karangan yang panjangnya tidak melebihi 100 patah perkataan.**

Teks A

Rukun Negara Malaysia

Rukun Negara merupakan ideologi kebangsaan yang diumumkan pada 31 Ogos 1970 selepas 13 tahun negara menyambut kemerdekaan. Hal ini tercetus daripada Mesyuarat Perundingan Negara (MPN), pada Januari 1970, yang dihadiri oleh Allahyarham Tun Abdul Razak Hussein, Allahyarham Tun Dr. Ismail Abdul Rahman, mendiang Tun Tan Siew Sin dan mendiang Tun V.T. Sambanthan，wakil daripada perkhidmatan awam, badan profesional, kesatuan sekerja, persatuan guru, tokoh agama, wartawan, kumpulan berkepentingan dan kerajaan negeri. Mesyuarat ini memutuskan bahawa satu dokumen nasional perlu dijadikan instrumen untuk memulihkan semula garis etnik di negara ini. Berasaskan keputusan tersebut, maka lahirlah Rukun Negara.

Sebagai sebuah negara yang berbilang kaum dan majmuk，setiap nilai di balik tingkah laku rakyat di negara ini dilapik oleh identiti etnik masing-masing. Namun begitu，untuk meluruskan pembentukan norma etnik dan ras，maka wujud identiti nasional yang bersifat resiprokal ke atas apa-apa yang sudah dipersetujui bersama-sama demi menyeragamkan perkongsian pelbagai strata etnik di Malaysia. Kestabilan dan keadaan yang menentu amat penting bagi sesebuah negara yang demografi dan geografinya merangkumi Semenanjung, Sabah dan Sarawak agar dapat terus memelihara kesejahteraan, kerukunan dan keamanan. Jika itu dapat dicapai, maka kukuhlah sebuah negara, tetapi adakah kita mampu melahirkan warga Malaysia yang seiring dengan pencapaian pembentukan negara bangsa ini? Kukuh rukun, kukuhlah negara. Kukuh nilai, kukuhlah negara. Sebuah negara boleh dibina, tetapi melentur nilai kewarganegaraan bukan mudah ke atas 32 juta orang warganegara.

Rukun Negara wujud selepas berakhirnya peristiwa berdarah 13 Mei 1969. Tiga hari selepas keputusan Pilihan Raya Umum (PRU) ketiga sejak kemerdekaan diumumkan. Pada ketika itu, ada segelintir pihak yang tidak bertanggungjawab menggunakan kebebasan dan hak mereka di luar batasan kemanusiaan seolah-olah kemenangan dan kekalahan PRU merupakan segala-galanya.

Akibat daripada peristiwa itu, Parlimen dihentikan fungsinya dan Majlis Gerakan Negara (MAGERAN) mengambil alih pentadbiran negara. Beberapa langkah penyusunan semula masyarakat dilakukan oleh kerajaan supaya isu perkauman dapat dihindari, manakala pembangunan, pertumbuhan ekonomi dan modenisasi seiring dengan ledakan kemajuan dunia turut diberikan perhatian. Pada ketika itu, masyarakat hidup berdampingan, tetapi berasingan. Sistem pecah dan perintah barangkali juga menjadi puncanya. Pemerintahan tradisional diubah kepada pembahagian mengikut provinsi dan pendekatan kesatuan digunakan untuk memastikan kerajaan boleh mengawal selia pentadbiran. Masyarakat yang majmuk tidak mengamalkan asimilasi, campuran ini tidak bercantum kerana hidup bersebelahan, tetapi berasingan. Bergaul, tetapi tidak bergabung termasuk dalam sektor ekonomi yang melihat pengagihan pekerjaan mengikut etnik dan ras.

Kepelbagaian merupakan aset dan bukan liabiliti. Sejauh manakah kita mampu jujur dan ikhlas dalam memastikan perbezaan tidak diangkat sebagai krisis pengurusan kehidupan, tetapi meraikannya agar dapat hidup bersama-sama dalam satu keluarga yang besar? Perasaan perkongsian, kesederhanaan dan kepunyaan boleh hadir jika kita dapat berkompromi dan berkorban tanpa mempersoalkan mengenai siapa-siapa yang perlu memulakannya terlebih dahulu. Selepas satu tahun peristiwa berdarah itu, dengan tertubuhnya jawatankuasa untuk mengenal pasti bagaimana untuk memulihkan semula hubungan antara etnik dengan ras agar dapat meratakan yang tidak seimbang dan melicinkan yang mencapah, dokumen Rukun Negara dimuktamadkan.

Rukun Negara merupakan dokumen padat, cerminan keterangkuman nilai dan norma kemasyarakatan sebagai panduan terhadap demografi dan geografi yang berbilang ini. Hal ini merupakan ideologi kebangsaan. Kerangka Perlembagaan dan Rukun Negara saling melengkapi untuk warganya. Dalam Rukun Negara ada jiwa Perlembagaan. Dalam perlembagaan ada roh Rukun Negara. Kedua-duanya tidak boleh diketepikan sama sekali.

Maksud dan makna Rukun Negara hanya akan menjadi jelas jika menjadi amalan dan praktis kehidupan, bukannya sekadar dokumen yang mahu menyemarakkan perasaan kenegaraan. Muafakat, perpaduan, integrasi dan hidup berukun merupakan nilai paparan Rukun Negara, sebagaimana kata Tun Abdul Razak (Perdana Menteri Malaysia kedua): "Tanpa amalan, Rukun Negara akan menjadi secebis dokumen yang tidak mempunyai makna." Beliau juga menyebut bagaimana setiap prinsip Rukun Negara wajar menjadi darah daging warga Malaysia.

Terdapat lima prinsip dalam Rukun Negara. Kesemua lima prinsip menjadi asas kepada perwatakan, tingkah laku dan gaya hidup di negara ini. Rukun Negara juga mempunyai lima cita-cita negara. Ungkapan di bawah wajar digarap dan dijadikan asas untuk mendalami Rukun Negara.

Kepercayaan kepada Tuhan menjadi prinsip induk dan pertama dalam Rukun Negara. Setiap agama mahu akan pengikut atau penganutnya mengamalkan nilai dan norma yang dipersetujui bersama-sama agar kehidupan menjadi baik berlandaskan kepada kepercayaan masing-masing. Berpandukan kepada Perkara 3 dan 11 yang saling melengkapi di bawah perlembagaan, agama Islam ialah agama persekutuan dan kebebasan beragama dihormati sebagaimana diselaraskan dalam perlembagaan.

Prinsip kedua, Kesetiaan kepada Raja dan Negara menjelaskan bahawa Malaysia mengamalkan sistem demokrasi raja berperlembagaan. Hal ini memberikan gambaran bagaimana Institusi Raja-Raja Melayu merupakan panji kenegaraan dan peranan institusi ini sangat signifikan dalam konteks negara kita. Raja dan rakyat berpisah tiada merupakan ungkapan bagaimana wujudnya keabsahan hubungan antara raja selaku pemerintah dengan rakyat yang diperintah dalam sebuah negara yang memberikan keutamaan terhadap pendemokrasian sebagai asas kenegaraan.

Keluhuran Perlembagaan menjelaskan bahawa undang-undang utama Persekutuan Malaysia ialah Perlembagaan sebagaimana yang termaktub dalam Artikel 4 (1) dan 162 (6) Perlembagaan Persekutuan serta Seksyen 73 Akta Malaysia. Artikel 4 (1) menyatakan bahawa perlembagaan ialah undang-undang utama persekutuan dan apa-apa undang-undang yang diluluskan selepas hari merdeka yang tidak selaras dengan perlembagaan tersebut tidak sah setakat ketidakselarasan itu.

Prinsip keempat Rukun Negara ialah Kedaulatan Undang-undang. Jika diimbas peristiwa 13 Mei 1969, ada yang mengambil mudah terhadap undang-undang dan hanya mahu mengikut keselesaan masing-masing. Ingkar daripada mengikut ketetapan yang dipersetujui oleh pihak berkuasa dan mula membentuk undang-undang serta peraturan sendiri telah menyukarkan keadilan dan keamanan yang dicari sehingga menyebabkan pihak berkuasa perlu menguatkuasakan tindakan agar tidak mengganggu ketenteraman awam atau menceroboh kedaulatan negara.

Yang mendasari kesemua prinsip ini ialah prinsip kelima, iaitu Kesopanan dan Kesusilaan. Moral menjadi kompas kemajmukan tanah air. Hal ini, melengkapi kesemua rukun kerana jika jiwa warga Malaysia diselaputi dengan budaya tinggi dan moral, perlakuan tersebut boleh menjadi asas kepada memahami, menghormati dan menerima kesemua prinsip dalam Rukun Negara. Hal ini juga boleh mengetepikan karakter yang meminggirkan adat, sejarah dan asal usul pembentukan negara bangsa. beraja (prinsip II); mengiktiraf keluhuran perlembagaan (prinsip III); dan akur kepada undang-undang (prinsip IV), maka jati diri manusiawi sebagaimana yang mahu dihasilkan daripada Rukun Negara akan dicapai.

 **PENERANGAN**

1 **Tun Abdul Razak Hussein**, Perdana Menteri ke-2, beliau dilantik sebagai Timbalan Presiden UMNO pada tahun 1951, dan telah menyertai rundingan untuk mendapat kemerdekaan daripada pihak British. Tun Abdul Razak menjadi Timbalan Perdana Menteri dan Menteri Pelajaran setelah kemerdekaan dicapai pada tahun 1957. Dasar Ekonomi Baru merupakan buah fikiran Tun Abdul Razak, bertujuan untuk membasmi kemiskinan dan menyusun semula masyarakat Malaysia untuk mengatasi ketidakseimbangan ekonomi. Setimpal dengan segala jasa dan sumbangannya terhadap pembangunan luar bandar dan di peringkat nasional, Tun Abdul Razak telah diberi gelaran "Bapa Pembangunan Malaysia".

2 **Tun Dr. Ismail Abdul Rahman** merupakan bekas Timbalan Perdana Menteri kepada

Perdana Menteri Malaysia yang kedua iaitu Tun Abdul Razak. Beliau juga mempunyai abang yang bernama Dato' Suleiman Abdul Rahman.

3 Tun Tan Siew Sin ialah presiden MCA ketiga selepas Tun Tan Cheng Lock, ayahnya, dan Lim Chong Eu. Beliau juga merupakan bekas Menteri Kewangan Malaysia dari tahun 1959 hingga 1974.

4 Tun V.T. Sambanthan ialah presiden kelima Kongres India Malaya, sebuah parti politik Malaysia, serta menteri penuh dalam pelbagai kementerian dalam kerajaan Malaysia. Pada tahun 1973, Sambanthan meletakkan jawatan Presiden Kongres India serta Menteri Perpaduan Negara disebabkan usianya.

5 **Majlis Keselamatan Negara Malaysia** atau MKN adalah agensi yang ditubuhkan di bawah Jabatan Perdana Menteri Malasyia pada 7 julai 1971 yang bertanggungjawab dalam mengurus dan mengkoordinasi pelaksanaan dasar-dasar berkaitan keselamatan Malaysia.

 **PERKATAAN BAHARU**

dilapik 以……为铺垫	bersebelahan 靠近的，邻近的
meluruskan 矫正，弄直	liabiliti 负债，债务
norma 标准，准则	mencapah 扩散，分散
ras 民族，种族	roh 灵魂，精神
resiprokal 相互的	menyemarakkan 激发，振奋
strata 阶层	perwatakan 特质，特性
melentur 使弯曲，弄弯	menggarap 进行某项工作
berdampingan 并肩，共同，相互陪伴	ingkar 拒绝，否认
asimilasi 同化，同化作用	diselaputi 被覆盖
bercantum 合并，联合	

LATIHAN

I **Menjawab soalan pemahaman di bawah.**

1. Siapakah menyertai upacara pengumuman Rukun Negara ini?
2. Mengikut karangan ini, mengapa Rukun Negara ini dikemukakan?
3. Apakah hubungan antara Perlembagaan Persekutuan dengan Rukun Negara?
4. Berapakah prinsip dalam Rukun Negara? Apakah merupakan prinsip induk?

II **Menterjemahkan ayat-ayat di bawah ini kepada bahasa Mandarin.**

1. Beberapa langkah penyusunan semula masyarakat dilakukan oleh kerajaan supaya isu perkauman dapat dihindari, manakala pembangunan, pertumbuhan ekonomi dan modenisasi seiring dengan ledakan kemajuan dunia turut diberikan perhatian.

2. Masyarakat yang majmuk tidak mengamalkan asimilasi, campuran ini tidak bercantum kerana hidup bersebelahan, tetapi berasingan. Bergaul, tetapi tidak bergabung termasuk dalam sektor ekonomi yang melihat pengagihan pekerjaan mengikut etnik dan ras.

3. Sejauh manakah kita mampu jujur dan ikhlas dalam memastikan perbezaan tidak diangkat sebagai krisis pengurusan kehidupan, tetapi meraikannya agar dapat hidup bersama-sama dalam satu keluarga yang besar?

4. Rukun Negara merupakan dokumen padat, cerminan keterangkuman nilai dan norma kemasyarakatan sebagai panduan terhadap demografi dan geografi yang berbilang ini. Hal ini merupakan ideologi kebangsaan. Kerangka Perlembagaan dan Rukun Negara saling melengkapi untuk warganya. Dalam Rukun Negara ada jiwa Perlembagaan. Dalam perlembagaan ada roh Rukun Negara.

5. Yang mendasari kesemua prinsip ini ialah prinsip kelima, iaitu Kesopanan dan Kesusilaan. Moral menjadi kompas kemajmukan tanah air. Hal ini, melengkapi kesemua rukun kerana jika jiwa warga Malaysia diselaputi dengan budaya tinggi dan moral, perlakuan tersebut boleh menjadi asas kepada memahami, menghormati dan menerima kesemua prinsip dalam Rukun Negara.

Menang Jadi Arang Kalah Jadi Abu

Persekutuan Tanah Melayu atau dalam bahasa Inggerisnya dipanggil Federation of Malaya ditubuhkan pada tahun 1948 dengan mengambil cogan kata "Bersekutu Bertambah Mutu" yang dalam bahasa Inggeris ditulis sebagai "Unity is Strength". Cogan kata ini diterangkan pada jata negara Tanah Melayu. Di sebelah kanan, dipaparkan dalam bahasa Melayu bertulisan Jawi. Sementara itu di sebelah kiri dipaparkan dalam bahasa Inggeris.

Selepas kemerdekaan pada 31 Ogos 1957, cogan kata bahasa Inggeris itu digantikan dengan bahasa Melayu dalam tulisan Rumi. Tulisan Jawi di sebelah kanannya tetap dikekalkan. Apabila Malaysia ditubuhkan pada 16 September 1963, cogan kata tersebut dikekalkan walaupun jata negara itu mengalami perubahan ekoran keberadaan lambang Singapura, Sabah dan Sarawak. Begitu juga apabila Singapura keluar dari Malaysia, cogan kata "Bersekutu Bertambah Mutu" tetap dikekalkan.

Sebelum penaklukan Jepun ke atas Tanah Melayu, Negeri-negeri Melayu Tidak Bersekutu atau Unfederated Malay States (UFMS) telah sedia bermuafakat di bawah pentadbiran British Malaya. Apabila Malayan Union ditubuhkan dengan menyatukan FMS, UFMS, Pulau Pinang dan Melaka, penyatuan negeri-negeri itu tidak dipersoalkan. Apa-apa yang dipersoalkan ialah kedudukan orang Melayu yang telah kehilangan kedaulatan raja-rajanya.

Isu kaum merupakan punca utama kepada bantahan orang Melayu terhadap Malayan Union. Mereka bimbang akan dikuasai oleh kaum Cina dan orang Melayu terpinggir di tanah air asal mereka. Sememangnya terdapat perasaan curiga dan kebimbangan orang Melayu terhadap kaum Cina walaupun mereka ialah kelompok majoriti. Kedudukan ekonomi yang lemah dalam kalangan orang Melayu menyebabkan mereka berasa bimbang akan kehilangan kuasa politik dalam sebuah negara yang merdeka dan demokratik.

Di sinilah ungkapan perpaduan itu penting. Perpaduan bermaksud penyatuan semua warganegara tanpa mengira kaum dan anutan agama. Pihak kolonial British meyakini bahawa perpaduan akan membawa negara ini ke arah kemerdekaan. Apabila

disebut perpaduan, hal tersebut merujuk kerjasama antara kaum, dan di Tanah Melayu, hal itu merujuk kaum Melayu, Cina dan India.

Bagi pihak kolonial British, penerimaan ketiga-tiga kaum ini untuk hidup harmoni dan bertoleransi merupakan kekuatan untuk negara ini. Jika tidak, maka apa-apa yang akan berlaku ialah perbalahan dan pada akhirnya akan membawa kepada pergaduhan dan perpecahan kaum. Jika hal itu berlaku, bukan sahaja kemerdekaan untuk negara ini tidak bermakna, tetapi juga kepentingan ekonomi British di Tanah Melayu pada ketika itu juga akan terjejas. Kebimbangan ini berasas kerana pergaduhan antara kaum telah pun berlaku selepas Jepun mengundurkan diri dan sebelum British dapat menguasai sepenuhnya keselamatan dan keamanan Tanah Melayu.

Hubungan tegang antara kaum ini tidak berlaku pada zaman sebelum Perang Dunia Kedua. Walaupun British mengamalkan dasar pecah dan perintah, tetapi semua kaum dapat hidup aman tanpa mengganggu kaum lain. Orang Melayu tinggal di kampung menjalankan kerja pertanian dan menangkap ikan. Orang Cina berada di bandar menjalankan perniagaan dan juga menjalankan kerja di lombong bijih timah. Sementara itu, orang India berada di estet.

Apabila Jepun masuk ke Malaya dalam konteks mereka juga berperang hendak menakluki China, maka banyak kekejaman dikenakan ke atas kaum Cina di negara ini. Semua kaum menderita akibat kekejaman Jepun, dengan orang Melayu dan India turut menanggung penyeksaan. Namun begitu, ada dimensi perkauman yang dengan jelas menyaksikan Jepun berperang melawan China. Dalam kalangan orang Melayu pula ada yang bekerjasama dengan Jepun.

Parti Komunis Malaya (PKM) yang didominasi oleh orang Cina melancarkan perang ke atas Jepun melalui Tentera Rakyat Malaya Anti-Jepun (MPAJA) yang kebanyakannya juga terdiri daripada orang Cina. Sungguhpun begitu, mereka menganggap diri mereka mewakili Malaya. Mereka juga dipanggil sebagai Bintang Tiga.

Dimensi kaum menjadi masalah bagi negara ini apabila Jepun menyerah kalah. Mereka berundur dan Bintang Tiga memburu sesiapa sahaja yang didakwa sebagai tali barut Jepun, tanpa siasatan dan perbicaraan yang munasabah, mereka diseksa dan dibunuh. Kebanyakannya orang Melayu dan hal ini membawa kepada pergaduhan kaum. Orang Melayu menubuhkan kumpulan silat untuk mempertahankan kampung, tetapi pada akhirnya bertembung dengan orang Cina. Hal ini bukan lagi pertembungan antara anti-Jepun dengan mereka yang bersekongkol dengan Jepun, tetapi antara Melayu dengan Cina.

Penulis lahir pada tahun 1959 dan pergaduhan antara kaum itu berlaku pada tahun 1945. Penulis lahir di Batu Pahat, daerah yang menyaksikan pergaduhan Melayu-Cina yang cukup dahsyat dan mengerikan. Di pihak Cina, mereka ialah Bintang Tiga, manakala di pihak Melayu, mereka ialah kumpulan Selempang Merah pimpinan Panglima Salleh. Ibu bapa penulis lahir pada tahun 1938. Ketika peristiwa itu berlaku, mereka berusia tujuh tahun dan datuk penulis yang lahir pada tahun 1917, pada ketika itu berusia 28 tahun.

Kisah pembunuhan, penderaan dan kengerian ini diceritakan oleh mereka secara turun-temurun. Pergaduhan itu hanya menderitakan kedua-dua belah, menanam kebencian, dan perasaan saling curiga-mencurigai yang tidak pudar turun-temurun. Ibu bapa penulis menceritakan bagaimana rumah dibakar dan kanak-kanak mati terbunuh. Mayat disusun di tepi jalan dalam keadaan duduk untuk menyemai kemarahan.

Kedua-dua kaum, Melayu dan Cina terbabit dengan kekejaman, sehinggalah majoriti sedar bahawa kekejaman mesti dihentikan. Kampung penulis di Bukit Pasir, Batu Pahat, sebuah pekan kecil yang menjadi tempat pemuda Cina berkumpul untuk mara ke Bandar Penggaram untuk bertempur dengan orang Melayu pada tahun 1945. Begitu pun, hasrat mereka dapat dihalang. Suasana diredakan apabila Pegawai Daerah Batu Pahat, Dato' Onn Jaafar, berjalan dari Bandar Penggaram sejauh empat kilometer untuk merayu supaya dihentikan pertempuran itu. Sebelum itu, pergaduhan telah berlaku dan merebak dari Parit Raja hinggalah ke Bandar Penggaram. Peristiwa ini ada terakam dalam beberapa buah buku sejarah yang diterbitkan oleh Dewan Bahasa dan Pustaka (DBP).

Pemimpin politik pada ketika itu kebanyakannya percaya bahawa kaum di Malaya perlu hidup bersama-sama secara harmoni dan mengelakkan pergaduhan sesama sendiri. Pihak Kolonial British sendiri meletakkan kerjasama antara kaum sebagai syarat bagi kemerdekaan negara. Oleh sebab itu, Dato' Onn mencadangkan supaya Pertubuhan Kebangsaan Melayu Bersama (UMNO) dibuka keahliannya kepada bukan Melayu dengan menjadikannya sebagai Pertubuhan Kebangsaan Malaya Bersatu. Pesaingnya, iaitu Pusat Tenaga Rakyat (Putera) pimpinan Dr. Burhanuddin Hilmy yang menggabungkan parti kiri Melayu bekerjasama dengan Majlis Bertindak Bersama Seluruh Malaya (AMCJA) yang merupakan gabungan parti bukan Melayu untuk mengemukakan gagasan perpaduan semua kaum bagi Malaya melalui Perlembagaan Rakyat.

Walaupun cadangan Dato' Onn ditolak oleh ahli UMNO sehingga beliau sendiri keluar parti dan menubuhkan Parti Kemerdekaan Malaya (IMP), tetapi UMNO sendiri bersama-sama Persatuan Cina Malaya (MCA) dan Kongres India Malaya (MIC) menubuhkan Perikatan yang mampu menampilkan kerjasama tiga kaum utama. Pemimpin politik Malaya pada umumnya percaya bahawa masa hadapan negara terletak pada perpaduan antara kaum dan perkara ini tidak boleh ditolak ansur.

Tanah Melayu yang kemudiannya dinamakan sebagai Malaysia berjaya mengelak daripada rusuhan kaum. Hanya dua peristiwa besar pergaduhan kaum telah berlaku, dan hal itu cepat dibendung supaya tidak berulang. Pertama, rusuhan kaum di Singapura pada tahun 1964 dan yang kedua Peristiwa 13 Mei 1969, di Kuala Lumpur. Rusuhan di Singapura berlaku ketika pulau itu berada di dalam Malaysia.

Kerajaan bertindak tegas dengan menggubal pelbagai dasar serta tindakan politik supaya peristiwa hitam itu tidak berulang. Sementara itu, Peristiwa 13 Mei 1969 banyak mengubah perkara di Malaysia. Bermula dengan Dasar Ekonomi Baru (DEB) hinggalah penubuhan gabungan parti baharu, iaitu Barisan Nasional (BN) yang bertujuan untuk mengurangkan sikap politik perkauman.

 **PERKATAAN BAHARU**

terpinggir 被边缘化	munasabah 合适的，合理的
curiga 猜疑	bertembung 冲突
ungkapan 谚语，俗语	bersekongkol 同谋
anutan 信仰	selempang 肩带
perbalahan 争论，口角	pudar 褪色的，模糊的
pergaduhan 骚乱	menyemai 播种
estet 庄园，工业区	kekejaman 残暴，暴行
penyeksaan 折磨，虐待	mara 前进，向前
dimensi 范围，方面	rusuhan 骚乱
tali barut 卧底，线人	

LATIHAN

❶ Menterjemahkan ayat-ayat di bawah ini kepada bahasa Mandarin.

1. Sebelum penaklukan Jepun ke atas Tanah Melayu, Negeri-negeri Melayu Tidak Bersekutu atau Unfederated Malay States (UFMS) telah sedia bermuafakat di bawah pentadbiran British Malaya. Apabila Malayan Union ditubuhkan dengan menyatukan FMS, UFMS, Pulau Pinang dan Melaka, penyatuan negeri-negeri itu tidak dipersoalkan. Apa-apa yang dipersoalkan ialah kedudukan orang Melayu yang telah kehilangan kedaulatan raja-rajanya.

2. Bagi pihak kolonial British, penerimaan ketiga-tiga kaum ini untuk hidup harmoni dan bertoleransi merupakan kekuatan untuk negara ini. Jika tidak, maka apa-apa yang akan berlaku ialah perbalahan dan pada akhirnya akan membawa kepada pergaduhan dan perpecahan kaum. Jika hal itu berlaku, bukan sahaja kemerdekaan untuk negara ini tidak bermakna, tetapi juga kepentingan ekonomi British di Tanah Melayu pada ketika itu juga akan terjejas.

3. Parti Komunis Malaya (PKM) yang didominasi oleh orang Cina melancarkan perang ke atas Jepun melalui Tentera Rakyat Malaya Anti-Jepun (MPAJA) yang kebanyakannya juga terdiri daripada orang Cina. Sungguhpun begitu, mereka menganggap diri mereka mewakili Malaya. Mereka juga dipanggil sebagai BintangTiga.

4. Kisah pembunuhan, penderaan dan kengerian ini diceritakan oleh mereka secara turun-temurun. Pergaduhan itu hanya menderitakan kedua-dua belah, menanam kebencian, dan perasaan saling curiga-mencurigai yang tidak pudar turun-temurun. Ibu bapa penulis menceritakan bagaimana rumah dibakar dan kanak-kanak mati terbunuh. Mayat disusun di tepi jalan dalam keadaan duduk untuk menyemai kemarahan.

5. Pemimpin politik pada ketika itu kebanyakannya percaya bahawa kaum di Malaya perlu hidup bersama-sama secara harmoni dan mengelakkan pergaduhan sesama sendiri. Pihak Kolonial British sendiri meletakkan kerjasama antara kaum sebagai syarat bagi kemerdekaan negara. Oleh sebab itu, Dato' Onn mencadangkan supaya Pertubuhan Kebangsaan Melayu Bersama (UMNO) dibuka keahliannya kepada bukan Melayu dengan menjadikannya sebagai Pertubuhan Kebangsaan Malaya Bersatu.

❷ Sila rumuskan karangan yang panjangnya tidak melebihi 100 patah perkataan.

PELAJARAN 5

Teks A

Institusi Beraja Bukan Lambang Semata-mata

Sebagai sebuah negara yang mengamalkan Sistem Raja Berperlembagaan dan Demokrasi Berparlimen, sistem pemerintahan Malaysia adalah berdasarkan nilai-nilai tradisi yang dipegang erat semenjak era prakolonial lagi. Nilai-nilai tradisi seperti institusi beraja disesuaikan dengan sistem demokrasi apabila sistem ini juga diamalkan di banyak negara dalam sistem antarabangsa. Sebarang tuduhan yang mempersoalkan kedaulatan sistem beraja sebagai tunjang sistem pentadbiran dan pemerintahan negara amat tidak wajar. Seharusnya dengan usia kemerdekaan yang menjengah lebih setengah abad, rakyat di tanah bertuah ini semakin memahami dan menghayati semangat kenegaraan yang diperkukuh melalui Perlembagaan Persekutuan dan Rukun Negara.

Institusi beraja mempunyai peranan yang cukup signifikan dalam sistem pentadbiran dan pemerintahan negara. Institusi beraja bukan sekadar lambang semata-mata, namun mencakupi pelbagai peranan yang kritikal bagi menstabilkan keharmonian negara. Hal ini dapat dilihat ketika negara berada dalam krisis politik, misalnya melalui peletakan jawatan Perdana Menteri Malaysia ketujuh pada tahun 2020. Keadaan negara masih lagi stabil sekalipun secara dasarnya pergolakan politik seperti itu mampu menatijahkan keadaan huru-hara berikutan tumbangnya keseluruhan parti kerajaan yang mentadbir negara. Rentetan daripada itu, peranan Yang di-Pertuan Agong yang begitu teliti dalam melakukan segala usaha untuk mencari penyelesaian bagi kemelut itu berpandukan kuasa yang diperuntukkan kepada Yang di-Pertuan Agong sebagaimana yang termaktub dalam perlembagaan persekutuan telah berjaya menangani kemelut politik yang tidak berkesudahan, sekali gus menjadi badan institusi semak dan imbang.

Dewasa ini, terdapat kenyataan yang diutarakan oleh individu tertentu berhubung dengan kedaulatan institusi beraja di negara ini. Dakwaan yang menyatakan bahawa masyarakat bukan Islam di negara ini tidak perlu patuh kepada titah Sultan dan Raja tidak boleh digunakan kepada bukan Islam kerana melanggar hak perundangan mereka, tidak ada apa-apa yang boleh dilakukan oleh institusi beraja terhadap bukan Islam, apa-apa titah dikeluarkan, sama ada daripada Sultan atau Yang di-Pertuan Agong, tidak terpakai kepada bukan Islam merupakan suatu kenyataan dangkal dan boleh mengganggu gugat kestabilan dan keharmonian negara.

Pihak-pihak ini berpendapat, Sultan seorang yang beragama Islam dan hal ini bermakna Islam menjadi faktor utama yang mempengaruhi sesuatu keputusan dan tindakan. Perlembagaan menyatakan individu berhak mengamalkan agama masing-masing tanpa mengikuti Islam. Oleh hal yang demikian, mereka berpendapat keputusan Sultan menafikan hak asasi rakyat Malaysia kerana dipengaruhi oleh nilai Islam seperti yang dijamin Perlembagaan Persekutuan. Secara kesimpulan, mereka berpendapat bahawa mereka tidak perlu mengikut amalan dan kepercayaan Islam. Sultan beragama Islam dan titah Sultan tidak terpakai kepada mereka. Kenyataan lain yang dikeluarkan oleh pihak-pihak ini bagi menyokong pendapat mereka dalam konteks rakyat Malaysia dijamin kebebasan bersuara, berekspresi dan beragama. Tambahan pula, masyarakat bukan Islam di negara ini turut membayar cukai. Pembayaran cukai merupakan bukti bahawa masyarakat bukan Islam telah taat setia kepada negara kerana melunaskan pembayaran seperti yang dituntut bagi setiap individu yang menjadi rakyat Malaysia. Semua ini jelas ditulis dalam Perlembagaan Persekutuan. Oleh itu, bagi mereka, masyarakat bukan Islam tidak perlu taat kepada titah Sultan dan Raja.

Kenyataan sedemikian bukan sahaja boleh menjejaskan keharmonian masyarakat yang berbilang kaum dan agama, bahkan mampu mengganggu gugat kestabilan negara yang didirikan atas persefahaman yang kukuh sebagaimana yang terkandung dalam Perlembagaan

Persekutuan. Jika pihak-pihak tersebut menggunakan Perlembagaan Persekutuan dan mentafsirkan Perlembagaan Persekutuan mengikut kehendak peribadi mereka, maka perlu juga tulisan ini merujuk Perlembagaan Persekutuan sebagai punca kuasa kepada kedaulatan institusi beraja di negara ini. Menurut Perkara 32 (1) Perlembagaan Persekutuan, Yang di-Pertuan Agong ialah Tunjang Utama Negara bagi Persekutuan yang memperuntukkan bahawa baginda ialah Utama Negara bagi Persekutuan yang mempunyai keutamaan dan mengatasi segala orang dalam Persekutuan dan tidak boleh didakwa dalam perbicaraan mana-mana mahkamah sekalipun kecuali dalam Mahkamah Khas. Melalui peruntukan ini sahaja jelas menunjukkan bahawa Yang di-Pertuan Agong ialah Ketua Negara dan sebagai ketua sewajarnya titah perintah baginda diikuti oleh mana-mana warganegara yang mahu dan ingin menjadi rakyat Malaysia. Yang di-Pertuan Agong sebagai Ketua Negara dan Raja Perlembagaan juga mempunyai bidang kuasa yang luas seperti yang dikanunkan dalam Perlembagaan Persekutuan. Baginda mempunyai peranan dan fungsi dalam tiga cabang kerajaan iaitu Eksekutif, Perundangan dan Kehakiman. Melalui cabang Eksekutif yang menjadi jentera bagi pentadbiran negara, diketuai oleh Perdana Menteri dan Jemaah Menteri bagi melaksanakan titah dan dasar kerajaan. Walau bagaimanapun, sebilangan masyarakat menganggap kerajaan itu merupakan parti politik yang memenangi pilihan raya umum. Gelaran seperti Kerajaan Barisan Nasional, Kerajaan Pakatan Harapan ataupun Kerajaan Perikatan Nasional adalah tidak begitu tepat kerana yang sebenarnya ialah Kerajaan Yang di-Pertuan Agong.

Parti-parti politik yang memenangi pilihan hanyalah wakil kepada Yang di-Pertuan Agong untuk menjalankan fungsi pentadbiran negara, sekiranya ada pihak yang menyatakan bahawa titah Yang di-Pertuan Agong atau Raja-Raja tidak perlu dipatuhi oleh masyarakat bukan Islam, mengapakah mereka perlu bertanding dan ingin menang dalam pilihan raya? Bukankah sekiranya menang pilihan raya dan apabila menjadi parti mewakili kerajaan mereka perlu menjalankan fungsi dan peranan yang diwakilkan oleh Yang di-Pertuan Agong atau Raja-Raja kepada rakyat? Perlu diingatkan bahawa majoriti negeri di Malaysia mempunyai Raja atau Sultan semenjak zaman berzaman. Secara prinsip, Raja atau Sultan ialah "tuan tanah" bagi negeri tersebut dan sebagai "tuan tanah" sesiapa yang tinggal di atas tanah mereka perlu akur dengan titah perintah "tuan tanah" tersebut. Mengambil dakwaan pihak tersebut yang menyatakan bahawa keputusan Sultan sebenarnya telah menafikan hak asasi rakyat Malaysia kerana dipengaruhi oleh nilai Islam seperti dijamin Perlembagaan Persekutuan juga sangat tidak relevan.

Benar, sistem pentadbiran dan pemerintahan negara sememangnya berlandaskan Islam kerana Islam ialah salah satu daripada unsur tradisi negara ini. Namun begitu, menurut Perlembagaan Persekutuan melalui Perkara 3 juga jelas menyatakan bahawa Islam sebagai agama bagi Persekutuan, tetapi agama lain juga boleh diamalkan dengan aman dan damai dalam mana-mana bahagian Persekutuan. Kebebasan beragama sememangnya telah dijamin dan pemerintah Islam di negara ini tidak pernah sekali pun mengganggu hak dan kebebasan masyarakat bukan Islam menjalankan kepercayaan mereka sehingga banyaknya rumah ibadat bukan Islam didirikan tanpa sebarang gangguan. Pada masa yang sama, masyarakat bukan Islam boleh mengamalkan agama masing-masing tanpa diskriminasi dan penindasan sekalipun Sultan, Raja mahupun Perdana Menteri beragama Islam dan Malaysia sebagai sebuah negara Islam.

Melalui Perkara 153 dalam Perlembagaan Persekutuan, juga dengan jelas menyatakan bahawa Yang di-Pertuan Agong bertanggungjawab untuk menjaga kedudukan istimewa orang Melayu dan penduduk asli di mana-mana negeri Sabah dan Sarawak dan kepentingan sah kaum lain. Oleh sebab itu, tidak wajar apabila timbulnya sebarang dakwaan bahawa Yang di-Pertuan Agong mahupun Raja dan Sultan-Sultan tidak menjaga kepentingan kaum-kaum lain kerana hal tersebut secara jelas tercatat dalam Perlembagaan Persekutuan. Maka itu, untuk apakah pihak-pihak ini cuba menggugat keharmonian yang sekian lama terjalin di negara ini?

Oleh hal yang demikian, sebarang kenyataan yang berbaur hasutan sewajarnya diambil tindakan yang paling tegas oleh pihak berkuasa tanpa memilih individu mahupun kumpulan terbabit. Jika tidak, prinsip keempat dalam Rukun Negara, iaitu kedaulatan undang-undang tidak lagi mempunyai "kedaulatan" kerana tidak dijalankan dengan sebaik-baiknya. Titah Sultan mahupun Raja perlu dipatuhi oleh sekalian rakyat kerana bukan sekadar lambang kcakuan scbagai rakyat Malaysia, malah institusi bcraja mcrupakan asas utama kcpada sistem pemerintahan dan pentadbiran Malaysia. Persoalannya, untuk apakah bergelar rakyat Malaysia jika kita tidak mahu akur akan perintah Ketua Negara?

 **PENERANGAN**

1 **Perlembagaan Persekutuan Malaysia** merupakan satu dokumen undang-undang bertulis yang dibentuk berasaskan kepada dua dokumen sebelumnya iaitu Perjanjian

Persekutuan Tanah Melayu 1948 dan Perlembagaan Kemerdekaan 1957. Perlembagaan Persekutuan telah digubal berdasarkan nasihat daripada Suruhanjaya Reid yang telah melakukan kajian dalam tahun 1956. Perlembagaan berkenaan berkuat kuasa sejurus selepas kemerdekaan pada 31 Ogos 1957.

2 **Kemelut politik Malaysia 2020** atau Langkah Sheraton ialah kemelut politik Malaysia yang sudah berlaku pada 2020. Ahli Parti Keadilan Rakyat (PKR) Dato' Seri Mohamed Azmin Ali bersama pengerusi Parti Peribumi Bersatu Malaysia (Bersatu) Tan Sri Muhyiddin Yassin bertemu dengan wakil parti pembangkang daripada UMNO dan PAS di Hotel Sheraton Kuala Lumpur untuk mencadangkan menubuhkan kerajaan baharu. Kemelut ini membawa kepada peletakan jawatan Tun Dr. Mahathir Mohamad sebagai Perdana Menteri ke-7 dan pelantikan Tan Sri Muhyiddin Yassin sebagai Perdana Menteri ke-8.

PERKATAAN BAHARU

institusi 制度	dewasa 时期，时代，成年
beraja 有君王的	mengutarakan 阐明，表明，提议
Sistem Raja Berperlembagaan 君主立宪制	dangkal 肤浅的
Demokrasi Berparlimen 议会民主制	melunaskan 还清，清偿，履行
prakolonial 殖民前	tunjang 根基
menjengah 探望，观望，显现	mengkanunkan 立法，编成法典
mencakupi 涵盖，包含	berbaur 混合，混杂
menatijahkan 带来后果，导致，造成	hasutan 煽动的言语
semak 混乱，杂乱	titah 旨意，圣旨
imbang 平衡的	

LATIHAN

I **Menjawab soalan pemahaman di bawah.**

1. *Nilai-nilai tradisi seperti institusi beraja disesuaikan dengan sistem demokrasi apabila sistem ini juga diamalkan di banyak negara dalam sistem antarabangsa.* Setahu kamu, di manakah negara juga mengamalkan sistem ini? Apakah keistimewaan sistem ini di Malaysia?

2. Adakah institusi beraja sekadar lambang semata-mata? Bolehkah ambil contoh untuk menjelaskan?

3. *Masyarakat bukan Islam di negara ini tidak perlu patuh kepada titah Sultan dan Raja tidak boleh digunakan kepada bukan Islam.* Apakah pendapat mereka? Adakah penulis bersetuju dengan pendapat mereka?

4. Yang di-Pertuan Agong sebagai Ketua Negara dan Raja Perlembagaan juga mempunyai bidang kuasa yang luas seperti yang dikanunkan dalam Perlembagaan Persekutuan. Apakah kuasa tersebut?

II **Menterjemahkan ayat-ayat di bawah ini kepada bahasa Mandarin.**

1. Nilai-nilai tradisi seperti institusi beraja disesuaikan dengan sistem demokrasi apabila sistem ini juga diamalkan di banyak negara dalam sistem antarabangsa. Sebarang tuduhan yang mempersoalkan kedaulatan sistem beraja sebagai tunjang sistem pentadbiran dan pemerintahan negara amat tidak wajar. Seharusnya dengan usia kemerdekaan yang menjengah lebih setengah abad, rakyat di tanah bertuah ini semakin memahami dan menghayati semangat kenegaraan yang diperkukuh melalui Perlembagaan Persekutuan dan Rukun Negara.

2. Rentetan daripada itu, peranan Yang di-Pertuan Agong yang begitu teliti dalam melakukan segala usaha untuk mencari penyelesaian bagi kemelut itu berpandukan kuasa yang diperuntukkan kepada Yang di-Pertuan Agong sebagaimana yang termaktub dalam perlembagaan persekutuan telah berjaya menangani kemelut politik yang tidak berkesudahan, sekali gus menjadi badan institusi semak dan imbang.

3. Dakwaan yang menyatakan bahawa masyarakat bukan Islam di negara ini tidak perlu patuh kepada titah Sultan dan Raja tidak boleh digunakan kepada bukan Islam kerana melanggar hak perundangan mereka, tidak ada apa-apa yang boleh dilakukan oleh

institusi beraja terhadap bukan Islam, apa-apa titah dikeluarkan, sama ada daripada Sultan atau Yang di-Pertuan Agong, tidak perpakai kepada bukan Islam merupakan suatu kenyataan dangkal dan boleh mengganggu gugat kestabilan dan keharmonian negara.

4. Menurut Perkara 32 (1) Perlembagaan Persekutuan, Yang di-Pertuan Agong ialah Tunjang Utama Negara bagi Persekutuan yang memperuntukkan bahawa baginda ialah Utama Negara bagi Persekutuan yang mempunyai keutamaan dan mengatasi segala orang dalam Persekutuan dan tidak boleh didakwa dalam perbicaraan mana-mana mahkamah sekalipun kecuali dalam Mahkamah Khas.

5. Sekiranya ada pihak yang menyatakan bahawa titah Yang di-Pertuan Agong atau Raja-Raja tidak perlu dipatuhi oleh masyarakat bukan Islam, mengapakah mereka perlu bertanding dan ingin menang dalam pilihan raya? Bukankah sekiranya menang pilihan raya dan apabila menjadi parti mewakili kerajaan mereka perlu menjalankan fungsi dan peranan yang diwakilkan oleh Yang di-Pertuan Agong atau Raja-Raja kepada rakyat?

Teks B

Kedudukan Raja Zaman Moden

Sistem politik kita mengambil acuan dengan sistem Westminster, iaitu kaedah pemerintahan berparlimen yang dicipta di England, bersempena nama Istana Westminster, yakni parlimen contoh yang diadakan pada tahun 1295. Hingga ke hari ini, tempat tersebut masih menjadi tempat parlimen United Kingdom untuk bersidang.

Di Malaysia, sesiapa sahaja yang pernah bersembahyang jumaat di masjid sekitar Wilayah Persekutuan akan diingatkan tentang kedudukan istimewa Seri Paduka Baginda Yang di-Pertuan Agong sebagai Ketua Negara. Ketika khutbah, khatib akan membacakan doa meminta taufik, hidayah, kesihatan dan keselamatan untuk Seri Paduka Baginda Yang di-Pertuan Agong dan Raja Permasuri Agong. Di negeri-negeri, doa yang lebih kurang sama dibacakan untuk Sultan, Raja, Pemangku Raja, Raja Muda atau Putera Mahkota.

Malaysia merupakan sebuah persekutuan yang mengandungi 13 buah negeri dan sebuah wilayah persekutuan yang terdiri daripada tiga komponen, iaitu Kuala Lumpur, Putrajaya dan Labuan. Sembilan daripada 13 buah negeri itu mempunyai Raja Pemerintah, yakni bekas negeri-negeri Melayu yang wujud lama sebelum merdeka.

Sejarahwan berpendapat negeri bersultan yang terawal diwujudkan di Semenanjung Tanah Melayu adalah Kedah pada tahun 1136. Apabila Tanah Melayu merdeka pada 31 Ogos 1957 sebagai sebuah persekutuan dengan Sistem Demokrasi Berparlimen dan Raja Berperlembagaan, satu jawatan telah diwujudkan dengan gelaran Yang di-Pertuan Agong. Sistem ini unik kepada Malaysia kerana tidak ada negara lain di dunia yang ada lebih daripada seorang raja. Di Malaysia, terdapat sembilan orang Raja yang memerintah negeri masing-masing pada satu-satu masa, seorang daripadanya dilantik menjadi Yang di-Pertuan Agong. Yang di-Pertuan Agong ialah Ketua Negara, Ketua Agama Islam dan Pemerintah Tertinggi Angkatan Tentera Malaysia.

Walaupun kuasa baginda adalah simbolik, namun kesannya kepada kestabilan dan perpaduan negara amat jelas. Sebagai Raja Berperlembaggan, Yang di-Pertuan Agong memerintah melalui Jemaah Menteri yang diketuai oleh Perdana Menteri. Perdana Menteri ialah ketua kerajaan. Beliau dan Menteri Kabinet bertanggungjawab kepada Yang di-Pertuan Agong. Timbalan Menteri bukan anggota kabinet.

Di negeri yang beraja pula Sultan, Yang di-Pertuan Besar atau Raja adalah Ketua Negeri dan Ketua Agama Islam negeri masing-masing. Mereka memerintah melalui Majlis Kerja Kerajaan Negeri (EXCO) yang diketuai oleh Menteri Besar. Raja-raja negeri tidak boleh campur tangan dalam hal ehwal kerajaan pusat kecuali melalui Majlis Raja-

Raja. Langkah ini sangat baik dalam proses pembahagian kuasa dan pengekalan keamanan.

Sejarah mengajar kita, sebelum campur tangan penjajah Eropah di Semenanjung Tanah Melayu, Raja-raja kerap berperang antara satu sama lain disebabkan oleh perebutan wilayah dan takhta. Permusuhan dalam kalangan Raja-raja dan perkhianatan Pembesar Melayu menyebabkan pembukaan jalan kepada penaklukan Eropah, yakni bermula dengna Portugis di Melaka pada tahun 1511.

Sebagai sebahagian daripada proses

kemerdekaan, Raja-raja mengamalkan demokrasi mereka sendiri dalam menentukan pemilihan Yang di-Pertuan Agong. Apabila Majlis Raja-Raja memilih Yang di-Pertuan Agong pertama pada 31 Ogos 1957, Raja paling kanan pada ketika itu ialah Sultan Johor, Almarhum Sultan Ibrahim ibni Almarhum Sultan Abu Bakar yang naik takhta pada tahun 1895. Namun begitu, berdasarkan bahan arkib disebutkan bahawa Sultan Ibrahim menolak pencalonan menjadi Yang di-Pertuan Agong atas alasan usia. Baginda berumur 84 tahun pada ketika itu. Calon kedua ialah Almarhum Sultan Abu Bakar ibni Almarhum Sultan Abdullah yang pada ketika itu berusia 53 tahun dan sudah bertakhta di Pahang selama 25 tahun.

Walau bagaimanapun, pencalonan baginda tidak dipersetujui oleh Raja-raja yang mengundi. Calon ketiga yang rela dan mendapat sokongan ialah Tuanku Abdul Rahman ibni Almarhum Tuanku Mohammad yang ketika itu berusia 62 tahun dan telah menjadi Yang di-Pertuan Besar Negeri Sembilan selama 24 tahun. Bagi negeri yang tidak beraja, iaitu Pulau Pinang, Melaka, Sabah dan Sarawak mereka terletak di bawah kuasa Yang di-Pertuan Agong melalui Yang di-Pertua Negeri atau pada awalnya dipanggil Gabenor.

Yang di-Pertuan Agong dan Raja-raja Melayu menikmati kekebalan daripada tindakan undang-undang dalam menjalankan tugas-tugas rasmi. Perkara ini berkuatkuasa sehingga berlakunya pindaan Perlembagaan 1993, yang menyebabkan Raja-raja tidak lagi kebal dalam kegiatan atau hal peribadi yang melibatkan perkara seperti jenayah dan perniagaan. Namun begitu, Raja-raja masih menikmati keistimewaan kerana tidak akan dibicarakan di mahkamah biasa, tetapi oleh sebuah Mahkamah Khas yang terdiri daripada Ketua Hakim Negara, Ketua Hakim Malaya, Ketua Hakim Sabah dan Ketua Hakim Sarawak. Majlis Raja-Raja diberikan kuasa untuk melantik dua orang hakim atau bekas hakim Mahkamah Persekutuan atau Mahkamah Tinggi bagi menganggotai panel Mahkamah Khas itu.

Sejak pindaan itu, seorang Raja telah dihadapkan ke mahkamah tersebut dalam kes saman malu, iaitu Almarhum Sultan Ahmad Shah ibni Almarhum Sultan Abu Bakar dari Pahang. Baginda disaman oleh seorang ahli perniagaan warganegara Singapura bernama Faridah Begum Abdullah bersabit dengan satu perjanjian perniagaan. Kes itu ditolak dalam Mahkamah Khas dengan keputusan 4-1 atas alasan warganegara asing tidak ada hak mengemukakan saman terhadap Raja-raja Melayu. Oleh itu, status sebenar dakwaan wanita itu tidak diputuskan.

Sekarang ini, sama juga seperti semua anggota masyarakat, Raja-raja juga terdedah kepada penelitian, perbualan dan kritikan orang awam melalui media sosial, malahan Raja-

raja dan ahli keluarga mereka juga aktif dalam media sosial. Keadaan menjadi berbeza daripada sedekad dua lalu apabila komunikasi awam terhad, bilangan penduduk tidak ramai dan pendidikan tidak tinggi. Tambahan pula, kini teknologi komunikasi massa yang dipacu oleh internet sangat canggih, bilangan rakyat jelata ramai dan taraf pelajaran tinggi. Maka itu, kedudukan setiap orang anggota masyarakat menjadi bahan percakapan apabila berlaku sesuatu di luar kebiasaan dan jangkaan.

Natijahnya, tidak ada sesiapa pun lagi yang bebas dan kebal daripada pemerhatian orang ramai.

PERKATAAN BAHARU

khutbah 布道，训诫	takhta 王位
khatib 讲道者，训诫者	perkhianatan 背叛
taufik（真主的）指示和庇佑	arkib 档案馆
hidayah 上苍的启示	Gabenor 总督
pemangku 署理，摄理者	kekebalan 牢固，免疫
Raja Muda 皇太子，王储	dihadapkan 被控告
Putera Mahkota 皇太子，王储	

LATIHAN

I **Menterjemahkan ayat-ayat di bawah ini ke dalam bahasa Mandarin.**

1. Di Malaysia, sesiapa sahaja yang pernah bersembahyang jumaat di masjid sekitar Wilayah Persekutuan akan diingatkan tentang kedudukan istimewa Seri Paduka Baginda Yang di-Pertuan Agong sebagai Ketua Negara. Ketika khutbah, khatib akan

membacakan doa meminta taufik, hidayah, kesihatan dan keselamatan untuk Seri Paduka Baginda Yang di-Pertuan Agong dan Raja Permasuri Agong.

2. Sejarahwan berpendapat negeri bersultan yang terawal diwujudkan di Semenanjung Tanah Melayu adalah Kedah pada tahun 1136. Apabila Tanah Melayu merdeka pada 31 Ogos 1957 sebagai sebuah persekutuan dengan Sistem Demokrasi Berparlimen dan Raja Berperlembagaan, satu jawatan telah diwujudkan dengan gelaran Yang di-Pertuan Agong.

3. Di negeri yang beraja pula. Sultan, Yang di-Pertuan Besar atau Raja adalah Ketua Negeri dan Ketua Agama Islam negeri masing-masing. Mereka memerintah melalui Majlis Kerja Kerajaan Negeri (EXCO) yang diketuai oleh Menteri Besar. Raja-raja negeri tidak boleh campur tangan dalam hal ehwal kerajaan pusat kecuali melalui Majlis Raja-Raja. Langkah ini sangat baik dalam proses pembahagian kuasa dan pengekalan keamanan.

4. Yang di-Pertuan Agong dan Raja-raja Melayu menikmati kekebalan daripada tindakan undang-undang dalam menjalankan tugas-tugas rasmi. Perkara ini berkuatkuasa sehingga berlakunya pindaan Perlembagaan 1993, yang menyebabkan Raja-raja tidak lagi kebal dalam kegiatan atau hal peribadi yang melibatkan perkara seperti jenayah dan perniagaan.

5. Sekrang ini, sama juga seperti semua anggota masyarakat, Raja-raja juga terdedah kepada penelitian, perbualan dan kritikan orang awam melalui media sosial, malahan Raja-raja dan ahli keluarga mereka juga aktif dalam media sosial. Keadaan menjadi berbeza daripada sedekad dua lalu apabila komunikasi awam terhad, bilangan penduduk tidak ramai dan pendidikan tidak tinggi.

II Sila rumuskan karangan yang panjangnya tidak melebihi 100 patah perkataan.

PELAJARAN 6

Durian Pengecas Bateri

Bayangkan pula jika plag peralatan elektrik, pengecas telefon dan kereta elektrik dicucuk pada pangkal pokok atau buah, lalu semuanya boleh berfungsi seperti sedia kala. Pokok yang ditanam dan buahnya boleh menyimpan tenaga elektrik yang boleh digunakan untuk mengecas telefon, tablet, komputer riba dan kereta elektrik. Indah bukan? Seluruh dunia sedang ternanti-nanti, bilakah agaknya angan-angan itu menjadi kenyataan?

Mungkin tidak lama lagi kita bukan lagi berangan, tetapi angan-angan tersebut menjadi kenyataan. Nampak macam idea mengarut apabila tumbuh-tumbuhan dan buah-buahan menyimpan tenaga elektrik yang kemudiannya boleh digunakan untuk mengecas bateri telefon dan kereta elektrik. Namun begitu, kajian sedang aktif dijalankan untuk menjadikannya satu kenyataan.

Sekumpulan penyelidik di University of Sydney sudah pun membangunkan metode untuk menggunakan sisa daripada durian dan nangka bagi menghasilkan tenaga elektrik. Mereka mendakwa buah-buahan tersebut boleh membantu mengecas telefon bimbit, komputer dan tablet dalam masa beberapa saat sahaja.

Pensyarah School of Chemical and Biomolecular Engineering, Profesor Vincent Gomes, dan kumpulan penyelidiknya mempunyai cara untuk menukarkan sisa buah-buahan tropika itu kepada super-kapasitor.

Apakah super-kapasitor?

Sebelum ini, ada buah-buahan lain, seperti epal, pear, pisang, lemon dan oren pernah menjalani uji kaji untuk mengecas telefon bimbit. Misalnya pada tahun 2014, Ebony L. Held pernah menjalankan kajian untuk membuktikan bahawa buah-buahan boleh mengecas telefon bimbit. Macam-macam yang dilakukannya untuk membuktikan buah-buahan terpilih itu boleh mengecas bateri dengan pantas.

Namun begitu, pada akhirnya, keputusan yang diperoleh mengecewakan. Bagi Ebony, untuk mengecas telefon dengan buah-buahan bukan semudah mencucuk plag dan selesai. Prosesnya terlalu rumit kerana buah-buahan itu sendiri tidak mengandungi tenaga elektrik. Oleh sebab itulah buah-buahan tersebut tidak boleh mengecas bateri atau peralatan elektrik yang lain secara langsung.

Walaupun pernah ditularkan di media sosial bahawa sebiji pisang boleh mengecas telefon bimbit dan berjaya, tetapi perkara ini bukan amalan biasa. Namun begitu, tidak dinafikan sel buah-buahan boleh mengeluarkan sedikit tenaga elektrik tetapi masih belum cukup untuk mengecas telefon.

Mungkin bagi tujuan uji kaji memang mencukupi untuk membuktikan kebolehan buah-buahan tersebut, namun untuk diaplikasikan dalam kehidupan harian, hal ini tidak sesuai. Untuk mengecas sebuah telefon memerlukan sejumlah sel buah-buahan yang sangat banyak. Tidak berbaloi dari segi kos peralatan, bahkan harga buah-buahan bukannya murah. Daripada digunakan untuk mengecas telefon, lebih baik dimakan.

Hal itu berlainan dengan kajian terbaharu yang menggunakan sisa durian dan nangka. Nampaknya, peluang masih cerah untuk menghasilkan sumber tenaga elektrik yang lebih mesra alam. Kajian yang diterbitkan dalam Journal of Energy Storage melaporkan, apabila sisa durian dan nangka berjaya ditukarkan kepada super-kapasitor, bermakna sisa tersebut boleh menyimpan tenaga untuk mengecas peranti elektrik seperti telefon mudah alih, komputer riba dan tablet dengan lebih cekap dan pantas.

Bagi mengelakkan fikiran menterjemahkan buah durian sebagai pembekal tenaga elektrik, maka plag peranti elektrik boleh dicucukkan dan siap dicas. Maka, maksud super-kapasitor perlu difahami.

Menurut professor Gomes, super-kapasitor ialah alat penyimpanan atau takungan tenaga yang boleh menyalurkan tenaga dengan lebih cekap. Super-kapasitor boleh menyimpan jumlah tenaga yang besar di dalam saiz bateri yang kecil dan membekalkan tenaga untuk menggerakkan peranti elektrik. Maksudnya, super-kapasitor berkeupayaan untuk mengecas peranti elektrik dengan lebih pantas berbanding dengan bateri biasa.

Kenapakah durian?

Selelah menjalankan bunyak uji kaji, pada akhirnya penyelidik mendapati super-kapasitor yang dihasilkan daripada durian dan nangka mempunyai prestasi yang jauh lebih baik berbanding dengan bahan sedia ada. Hal ini dikatakan demikian kerana buah-buahan tersebut mempunyai permukaan yang luas dan keliangan yang tinggi.

Sisa durian dan nangka dipilih kerana ciri semula jadinya yang hebat boleh menghasilkan aerogel berliang, malah jauh lebih murah daripada bahan super-kapasitor yang digunakan pada hari ini. Selain itu, sisa durian dan nangka merupakan sumber lestari apabila sisa itu berjaya ditukarkan kepada produk, secara tidak langsung boleh mengurangkan kos penyimpanan tenaga yang bukan bersumberkan bahan kimia dan menepati protokol sintesis hijau. Paling utama, tidak ada sesiapa pun yang berkehendak akan sisa durian.

Cara berfungsi

Sisa daripada durian dan nangka ditukarkan kepada karbon aerogel yang stabil menggunakan kejuruteraan hijau non-toksik dan tidak berbahaya. Professor Gomes dan kumpulan penyelidikannya memanaskan sisa durian dan nangka selama 10 jam pada suhu 180 darjah Celsius, lalu disejukkan semalaman kemudian direndam di dalam air dan dibeku-keringkan. Untuk mensintesis, sampel tersebut dipanaskan di relau selama sejam pada suhu 800 darjah Celsius sehingga menjadi hitam, sangat berliang dan aerogel sangat ringan.

Aerogel itulah yang digunakan untuk membina elektrod dan diuji keberkesanannya menyimpan tenaga. Sisa durian dan nangka menghasilkan aerogel yang mempunyai keupayaan menyimpan tenaga yang cekap. Namun begitu, aerogel daripada durian mempunyai prestasi yang jauh lebih baik berbanding dengan nangka. Karbon aerogel yang dihasilkan daripada biojisim durian sangat ringan serta memiliki bahan sintetik berliang yang paling sempurna. Aerogel itu kemudian digunakan untuk membuat elektrod bagi menyimpan tenaga dengan cekap.

Selama ini, saintis bergantung pada pelbagai jenis bahan berasaskan karbon untuk membuat elektrod bagi membina super-kapasitor. Contohnya karbon aktif dan karbon nanotiub. Namun begitu, yang terbaik adalah dengan menggunakan bahan yang mempunyai keliangan yang tinggi kerana berupaya menyerap elektrolit melalui elektrod dan memaksimumkan kawasan permuakaan.

Kajian yang dijalankan pada tahun 2010 mendapati bahan elektrod daripada aerogel paling baik berbanding dengan bahan karbon dari segi memaksimumkan muatan. Secara asanya, aerogel mengandungi 99.8 peratus udara. Hal ini menjadikannya lebih ringan berbanding dengan bahan berasaskan pepejal. Aerogel berasaskan karbon mula digunakan sekitar tahun 1980-an terutamanya oleh Pentadbiran Aeronautik dan Angkasa Lepas Kebangsaan Amerika (NASA) kerana sifatnya yang ringan dan menjadi penebat haba yang hebat.

Namun begitu, kebanyakan bahan aerogel yang berasaskan karbon terlalu mahal. Keperluan untuk mencari alternatif yang lebih murah dengan menggunakan sisa organik untuk menghasilkan elektrod aerogel daripada sisa buah-buahan seperti limau bali dan tembikai jauh lebih penting.

Sisa itu hanya perlu dibekukan dan dikeringkan airnya, sementera struktur asasnya masih dikekalkan untuk menghasilkan aerogel yang baik. Ketepatan struktur biojisim semula jadi dengan liang hierarki yang terbina sejak berjuta-juta tahun secara evolusi biologikal mampu menjadi sumber yang hebat untuk sintesis bahan yang berasaskan karbon. Hal yang demikian bermakna sisa organik berpotensi tinggi untuk menyimpan tenaga yang cekap dengan kos yang jauh lebih murah.

Walaupun kajian ini masih pada peringkat permulaan. Namun professor Gomes menjelaskan sudah sampai masanya kita beralih kepada sumber semula jadi yang tidak meyumbang kepada pemanasan global untuk menyimpan tenaga. Super-kapasitor yang dihasilkan secara semula jadi berpotensi besar menjadi peranti penyimpanan tenaga yang cekap terutamanya apabila bekalan bahan api fosil semakin berkurangan.

Jadi kaedah ini boleh membantu mengurangkan kebergantungan pada bahan api fosil. Kaedah ini juga merupakan satu keperluan mendesak untuk membangunkan sumber tenaga elektrik yang tidak mencemarkan alam sekitar dan menyumbang kepada perubahan cuaca.

 **PERKATAAN BAHARU**

plag 插头	non-toksik 无毒
peralatan elektrik 电器	direndam 被浸入水中
dicucuk 被连接	relau 熔炉
angan-angan 幻想，希望	elektrod 电极
mengarut 撒谎，欺骗，讲空话	biojisim 生物量
metode 方式，方法，系统	sintetik 人工制造的
nangka 菠萝蜜	karbon aktif 活性炭
super-kapasitor 超级电容器	karbon nanotiub 碳纳米管
macam-macam 各种各样的	elektrolit 电解质
ditularkan 流行，风靡	pepejal 固体
berbaloi 相匹配的	aeronautik 宇航，航天
takungan 容器	penebat 绝缘体
keliangan 气孔率，孔隙率	haba 热量
aerogel 气凝胶	limau bali 朱栾柚
menepati 符合	hierarki 等级制度
protokol 方案	biologikal 生物学的
sintesis 综合，合成	bahan api fosil 化石燃料

 **LATIHAN**

I **Menjawab soalan pemahaman di bawah.**

1. Mengikut karangan ini, apakah angan-angan sekarang?

2. Sebelum durian, adakah buah-buahan lain digunakan untuk menjalani uji kaji untuk mengecas peralatan elektrik? Apakah keputusannya?

3. Mengikut karangan ini, apakah super-kapasitor? Dan kenapa durian terpilih?

4. Apakah proses dan cara berfungsi?

5. Pada pendapat kamu, adakah "durian pengecas bateri" ini akan berjaya nanti?

Ⅱ **Menterjemahkan ayat-ayat di bawah ini ke dalam bahasa Mandarin.**

1. Sekumpulan penyelidik di University of Sydney sudah pun membangunkan metode untuk menggunakan sisa daripada durian dan nangka bagi menghasilkan tenaga elektrik. Mereka mendakwa buah-buahan tersebut boleh membantu mengecas telefon bimbit, komputer dan tablet dalam masa beberapa saat sahaja.

2. Sebelum ini, ada buah-buahan lain, seperti epal, pear, pisang, lemon dan oren pernah menjalani uji kaji untuk mengecas telefon bimbit. Misalnya pada tahun 2014, Ebony L. Held pernah menjalankan kajian untuk membuktikan bahawa buah-buahan boleh mengecas telefon bimbit. Macam-macam yang dilakukannya untuk membuktikan buhan-buahan terpilih itu boleh mengecas bateri dengan pantas.

3. Super-kapasitor boleh menyimpan jumlah tenaga yang besar di dalam saiz bateri yang kecil dan membekalkan tenaga untuk menggerakkan peranti elektrik. Maksudnya, super-kapasitor berkeupayaan untuk mengecas peranti elektrik dengan lebih pantas berbanding dengan bateri biasa.

4. Sisa durian dan nangka dipilih kerana ciri semula jadinya yang hebat boleh menghasilkan aerogel berliang, malah jauh lebih murah daripada bahan super-kapasitor yang digunakan pada hari ini. Selain itu, sisa durian dan nangka merupakan sumber lestari apabila sisa itu berjaya ditukarkan kepada produk, secara tidak langsung boleh mengurangkan kos penyimpanan tenaga yang bukan bersumberkan bahan kimia dan menepati protokol sintesis hijau.

5. Sisa durian dan nangka menghasilkan aerogel yang mempunyai keupayaan menyimpan tenaga yang cekap. Namun begitu, aerogel daripada durian mempunyai prestasi yang jauh lebih baik berbanding dengan nangka. Karbon aerogel yang dihasilkan daripada biojisim durian sangat ringan serta memiliki bahan sintetik berliang yang paling sempurna. Aerogel itu kemudian digunakan untuk membuat elektrod bagi menyimpan tenaga dengan cekap.

6. Namun begitu, kebanyakan bahan aerogel yang berasaskan karbon terlalu mahal.

Keperluan untuk mencari alternatif yang lebih murah dengan menggunakan sisa organik untuk menghasilkan elektrod aerogel daripada sisa buah-buahan seperti limau bali dan tembikai juah lebih penting.

7. Ketepatan struktur biojisim semula jadi dengan liang hierarki yang terbina sejak berjuta-juta tahun secara evolusi biologikal mampu menjadi sumber yang hebat untuk sintesis bahan yang berasaskan karbon. Hal yang demikian bermakna sisa organik berpotensi tinggi untuk menyimpan tenaga yang cekap dengan kos yang jauh lebih murah.

Teks B

Kuat dan Cantik-Kaca

Kaca merupakan bahan pejal yang terbentuk apabila bahan cair tidak berkristal disejukkan dengan segera untuk membentuk jaringan kekisi kristal yang biasa. Sifat kaca ialah lut sinar, kuat, tahan hakis dan mempunyai permukaan yang licin.

Ciri ini menjadikan kaca sebagai bahan dan elemen yang sangat berguna dan bermakna. Antara jenis kaca termasuklah kaca apung, waja dan lapis. Setiap jenis kaca ini digunakan mengikut keadaan tertentu dan tujuannya digunakan.

Banyak bangunan pencakar langit kini menggunakan kaca dalam pembinaan. Kaca yang digunakan biasanya tidak berkilat yang bertujuan untuk mengelakkan kilauan keterlaluan kepada orang yang berada di luar bangunan. Bertepatan dengan konsep bangunan hijau pada masa kini, maka amat sesuai menggunakan kaca sebagai satu daripada elemen pembinaan kerana sifat kaca yang lut sinar membenarkan cahaya masuk ke dalam bangunan dan secara tidak langsung dapat mengurangkan penggunaan lampu pada waktu siang.

Selain itu, kaca juga berfungsi sebagai menyerap gelombang infra yang penting untuk mengelakkan haba dari luar tembus ke dalam bangunan. Sekiranya haba diserap masuk ke dalam bangunan, pastinya akan meningkatkan kos penggunaan penghawa dingin. Selain itu, penggunaan tingkap kaca dwilapis juga amat penting bagi menebat haba luar daripada masuk ke dalam dan hawa sejuk keluar dari bangunan. Maka, tidak hairanlah banyak bangunan pada hari ini menggunakan kaca.

Selain bangunan tinggi, bangunan yang mempunyai ruang yang besar dan mementingkan kecantikan dan penampilan juga sangat sesuai menggunakan kaca dalam bahan binaannya, contohnya bangunan New Beijing Poly Plaza, di China dan Hotel Kempinski. Selain itu, kebanyakan lapangan kapal terbang di dunia juga turut menggunakan kaca sebagai dinding luaran yang disokong oleh jaringan kabel yang bertujuan untuk memaksimumkan penglihatan visual dan pencahayaan ke dalam bangunan. Dengan menggunakan jaringan kabel akan dapat mengurangkan penggunaan rasuk dan tiang bagi menyediakan ruang seni bina yang lebih besar.

Sebanyak 90 peratus daripada kaca nipis diperbuat dengan menggunakan proses kaca terapung, iaitu kaca cair yang dituang ke atas timah cair. Kaca terapung pada permukaan timah perlahan-lahan mengembang di atas timah cair sebelum ditarik keluar daripada rendaman timah, kemudiannya disepuh dengan menggunakan api bagi menghasilkan permukaan rata yang hampir sempurna. Begitu pun, kaca nipis tidak sesuai digunakan sebagai elemen utama dalam pembinaan bangunan tinggi kerana sifatnya yang mudah pecah apabila mencapai tekanan maksimum dan corak pecahan kaca yang besar, tajam dan mudah bertaburan yang sudah pasti membahayakan keselamatan penghuni dan orang di sekeliling.

Sementara itu, kaca waja yang melalui proses haba dihasilkan dengan memotong kaca tersebut terlebih dahulu mengikut saiz yang diperlukan dan sebarang proses yang melibatkan penebukan lubang pada permukaan kaca atau melicinkan tepi kaca dilakukan sebelum proses *thermal tempering*. Kaca tersebut kemudiannya  diletakkan di atas meja golek dan disalurkan melalui tempat pembakar yang mempunyai suhu mencecah sehingga 600 darjah Celsius. Kemudian, kaca tersebut disejukkan secara mengejut dengan tiupan udara. Proses ini bertujuan untuk menyeimbangkan tekanan di dalam kaca.

Kaca waja enam kali ganda lebih kuat berbanding dengan kaca biasa. Kaca waja tidak boleh dipotong sebaik-baik sahaja selesai ditempa kerana kaca ini akan berkecai sekiranya terdapat kecacatan pada bahagian tepi kaca. Oleh hal yang demikian, kaca waja perlu dipotong mengikut saiz yang dikehendaki sebelum ditempa dan tidak boleh diubah atau dipotong sebaik-baik sahaja kaca selesai ditempa. Walaupun kaca waja mempunyai kekuatan enam kali ganda berbanding dengan kaca biasa, malangnya kaca waja mudah bercalar berbanding dengan kaca biasa.

Kaca waja atau kaca tempa sesuai digunakan dalam pemasangan tanpa bingkai seperti pintu kaca dan jaringan kabel. Selain itu, kaca waja kurang berbahaya berbanding dengan kaca biasa sekiranya pecah kerana kaca waja berkecai pada saiz yang kecil dan tidak tajam.

Kaca lapis dianggap sebagai kaca keselamatan kerana keupayaannya untuk melekat dan tidak berkecai seperti kaca nipis dan kaca waja. Pada kebiasaannya, kaca ini digunakan sebagai bumbung kaca dan cermin kereta. Kaca jenis ini tidak mudah pecah berkecai walaupun mempunyai retakan pada permukaan dalam kaca tersebut. Kaca lapis dibuat dengan melekatkan dua atau lebih lapisan kaca biasa dengan lapisan plastik dan dihasilkan dengan menggunakan polivinil butiral (PVB) yang diletakkan antara lapisan kaca sebelum dipanaskan sehingga 70 darjah Celsius. Lapisan PVB ini juga bertindak sebagai penebat bunyi kerana mempunyai kesan serapan yang tinggi dan mampu menghalang sebanyak 99 peratus daripada cahaya lampu ultraungu.

Kaca lapis merupakan kaca yang paling selamat digunakan kerana walaupun kaca tersebut susah pecah pada permukaan, namun tidak bertaburan yang memberikan peluangan kepada pengguna untuk menggantikan kaca yang baharu tanpa mendatangkan bahaya kepada pengguna.

Bagi bangunan yang menjadi tempat tumpuan orang ramai, kaca yang biasanya digunakan ialah jenis kaca dwilapis kerana sifatnya yang tidak akan terus pecah sebaik-baik sahaja melebihi berat beban yang sepatutnya seperti kaca nipis dan kaca waja, sebaliknya kaca lapis akan menunjukkan keretakan yang halus pada permukaan kaca sebelum pecah.

Pada hari ini, kaca menjadi pilihan banyak syarikat pembinaan, selain faktor kos dan tahan lama, kaca juga menjadikan sesebuah bangunan itu kelihatan lebih cantik dan gah.

PERKATAAN BAHARU

pejal 坚硬的

kekisi kristal 晶体组织、结构

kaca apung 浮法玻璃

kaca waja 钢化玻璃

kaca lapis 多层玻璃

lut sinar 透光的

berkilat 发光，闪光

gelombang 长波

infra 红外

dwilapis 双层

kabel 钢索

rasuk 梁

dituang 被倒进

mengembang 扩大

rendaman 传热平均的容器

disepuh 镀金

bertaburan 散布的

penebukan 钻孔

golek 翻滚

ditempa 锻造

berkecai 碎裂，粉碎

bercalar 有伤痕

bingkai 边框

retakan 裂缝

ultraungu 紫外线

LATIHAN

I **Menterjemahkan ayat-ayat di bawah kepada bahasa Mandarin.**

1. Banyak bangunan pencakar langit kini menggunakan kaca dalam pembinaan. Kaca yang digunakan biasanya tidak berkilat yang bertujuan untuk mengelakkan kilauan keterlaluan kepada orang yang berada di luar bangunan. Bertepatan dengan konsep bangunan hijau pada masa kini, maka amat sesuai menggunakan kaca sebagai satu daripada elemen pembinaan kerana sifat kaca yang lut sinar membenarkan cahaya masuk ke dalam bangunan dan secara tidak langsung dapat mengurangkan penggunaan lampu pada waktu siang.

2. Sebanyak 90 peratus daripada kaca nipis diperbuat dengan menggunakan proses kaca terapung, iaitu kaca cair yang dituang ke atas timah cair. Kaca terapung pada permukaan timah perlahan-lahan mengembang di atas timah cair sebelum ditarik

keluar daripada rendaman timah, kemudiannya disepuh dengan menggunakan api bagi menghasilkan permukaan rata yang hampir sempurna.

3. Kaca waja enam kali ganda lebih kuat berbanding dengan kaca biasa. Kaca waja tidak boleh dipotong sebaik-baik sahaja selesai ditempa kerana kaca ini akan berkecai sekiranya terdapat kecacatan pada bahagian tepi kaca. Oleh hal yang demikian, kaca waja perlu dipotong mengikut saiz yang dikehendaki sebelum ditempa dan tidak boleh diubah atau dipotong sebaik-baik sahaja kaca selesai ditempa. Walaupun kaca waja mempunyai kekuatan enam kali ganda berbanding dengan kaca biasa, malangnya kaca waja mudah bercalar berbanding dengan kaca biasa.

4. Kaca lapis dianggap sebagai kaca keselamatan kerana keupayaannya untuk melekat dan tidak berkecai seperti kaca nipis dan kaca waja. Pada kebiasaannya, kaca ini digunakan sebagai bumbung kaca dan cermin kereta. Kaca jenis ini tidak mudah pecah berkecai walaupun mempunyai retakan pada permukaan dalam kaca tersebut. Kaca lapis dibuat dengan melekatkan dua atau lebih lapisan kaca biasa dengan lapisan plastik dan dihasilkan dengan menggunakan polivinil butiral (PVB) yang diletakkan antara lapisan kaca sebelum dipanaskan sehingga 70 darjah Celsius.

Ⅱ Sila rumuskan karangan yang panjangnya tidak melebihi 100 patah perkataan.

Teks A

Konsep 0 Sisa—Model Terbaik Tangani Sisa Buangan Industri Sawit

Sejak kebelakangan ini, penggiat industri minyak sawit negara berdepan dengan kritikan apabila aktiviti industri itu membabitkan isu alam sekitar sehingga reputasi Malaysia terpalit di mata dunia. Selain aktiviti pembukaan ladang secara besar-besaran, pengurusan sisa pemprosesan minyak sawit merupakan antara faktor kelapa sawit dikritik sebagai industri yang tidak lestari.

Umumnya dalam pemprosesan minyak sawit, perkara yang tidak dapat dielak adalah penghasilan sisa industri itu dalam pelbagai bentuk dan elemen meliputi pepejal, cecair dan gas. Situasi yang paling ketara apabila efluen kilang sawit atau POME, iaitu cecair likat keperang-perangan yang mengandungi jumlah pepejal tinggi, minyak dan gris. Dalam pengurusan POME, situasi bertambah serius dengan pelepasan gas mentana dan karbon tinggi apabila penggunaan kaedah konvensional masih digunakan. Pengabaian dalam menangani sisa industri menyebabkan keadaan menjadi semakin parah, tambah pula ketika negara sedang bergelut dengan beberapa isu alam sekitar yang lain.

Menyedari akan tahap keseriusan isu berkenaan, sifar sisa sawit merupakan pendekatan terbaik bagi menangani kemelut industri sawit negara. Sifar sisa merupakan satu konsep untuk mengurangkan sampah atau sisa yang bakal dibuang ke tempat pelupusan. Dalam erti kata lain, konsep sifar sisa menjadi satu penggerak yang pragmatik dan berwawasan untuk mendidik masyarakat menggunakan bahan buangan sebagai sumber kegunaan lain dengan cara kitar semula. Pelaksanaan konsep ini dapat mengurangkan pembuangan sisa ke alam semula jadi. Secara mudah, konsep ini menganjurkan masyarakat supaya memaksimumkan kitar semula dan meminimumkan sisa lebihan atau mengurangkan penggunaan, serta memastikan setiap barangan yang dihasilkan boleh diguna semula, dibaiki, dikitar dan dikomposkan.

Perkara yang boleh difahami oleh orang awam mengenai konsep sifar sisa ini ialah tiada sebarang sisa bahan buangan daripada pemprosesan minyak sawit akan dilepaskan ke udara, tanah dan air. Konsep sifar sisa merupakan model terbaik dalam urus tadbir sisa pemprosesan minyak kelapa sawit. Hal ini dikatakan demikian kerana setiap elemen daripada sisa pemprosesan sawit mempunyai potensi untuk kegunaan lain, seperti dalam pertanian dan sebagai sumber tenaga baharu. Semua sisa ini dikitar semula untuk menjadi sesuatu produk yang bermanfaat.

Sebagai contoh, isirung atau hampas sawit digunakan dalam sektor pertanian sebagai baja organik dan produk lain. Selain itu, penyelesaian masalah pencemaran daripada industri sawit telah dikenal pasti membabitkan pengeluaran biohidrogen dan biogas, penukaran biojisim, pembentukan biometana ke hidrogen, pembersihan biohidrogen, penyimpanan dan penjanaan kuasa, mengubah biomas sawit ke baja organik, menangkap karbon dan air kitar semula.

Kilang atau pihak industri biasanya menguruskan sisa efluen atau POME dengan cara dibuang ke dalam kolam pelupusan. Keadaan ini dilihat memberikan kesan apabila bahan kimia dalam cecair itu telah mencemarkan sumber air yang ada, lalu meresap ke dalam tanah. Proses penguraian juga berlaku dengan tindak balas bahan itu melepaskan gas metana atau karbon dioksida ke atmosfera. Dengan konsep sifar sisa ini, sisa bahan buangan sawit diproses menjadi baja organik, makanan haiwan dan banyak lagi. Hidrogen dikumpul dan disalurkan ke loji tenaga, manakala karbon dioksida tidak lagi dilepaskan ke udara, sebaliknya diperangkap dan diserap oleh penapis alga.

Selain itu, kumbahan daripada kilang minyak kelapa sawit akan diproses menjadi air bersih untuk digunakan semula oleh loji itu sendiri. Mikroalga turut digunakan sebagai satu kaedah rawatan air, di samping menjerap karbon dioksida yang dihasilkan. Kaedah ini dapat membantu mengurangkan pelepasan gas karbon dioksida yang merupakan satu gas rumah hijau.

Terdapat beberapa spesies mikroalga tempatan berjaya dikenal pasti yang dapat membantu proses ini. Konsep sifar sisa dapat mengubah cara industri kelapa sawit mengendalikan sisa bahan buangan dengan lebih cekap dan mampan. Sebelum ini, sisa lain pemprosesan minyak kelapa sawit ialah sisa biojisim terhasil seperti serat atau tandan buah sawit kosong (EFB), pelepah sawit (OPF), batang sawit (OPT), serat mesokarpa dan tempurung kelapa sawit hanya dibuang begitu sahaja.

Memandangkan industri sawit merupakan satu daripada industri utama negara, lambakan sisa bahan buangan semakin meningkat saban hari. Sebanyak 10 peratus minyak dihasilkan daripada satu pokok sawit, manakala lebihan ialah sisa biojisim terhasil. Setiap tahun Malaysia menghasilkan kira-kira 168 juta tan biojisim. Daripada jumlah ini, lebih daripada 80 juta tan dihasilkan oleh industri sawit. Jika semua sisa ini tidak diuruskan dengan baik, hal ini bakal mengundang masalah pelupusan yang lebih kronik, seterusnya menjurus kepada pencemaran alam sekitar tidak terkawal.

Meskipun begitu, hakikatnya sisa biojisim mampu menawarkan pulangan ekonomi menarik melalui penghasilan produk nilai tambah yang memberikan manfaat sejagat,

secara tidak langsung mengatasi masalah membabitkan pencemaran alam sekitar. Keupayaannya dalam menghasilkan produk nilai tambah mula dilihat sebagai sumber utama yang mampu melestarikan ekonomi negara. Komponen biojisim sawit mempunyai potensi penggunaan yang berbeza, seperti bahan bakar untuk penjanaan elektrik, produk biokimia, baja dan bahan api bio.

Sehubungan dengan itu, kebanyakan penyelidikan mula menggunakan sisa biojisim sawit sebagai bahan mentah atau penggantian separa dalam pelbagai aplikasi seperti pengitaran semula nutrien, makanan haiwan, pulpa dan kertas, papan serat, komposit, biodegradasi, gula fermentasi dan bioetanol menampakkan hasil yang positif. Sebilangan besar projek biojisim sawit yang dilaksanakan tertumpu pada pengeluaran pelet, karbon aktif, papan gantian, makanan haiwan dan kompos organik. Kemampuannya sebagai sumber biotenaga boleh diperbaharui untuk menghasilkan pelbagai produk nilai tambah disebabkan oleh sifat fizikokimia biojisim sawit yang baik dan kaya dengan kandungan nutrient, malah cecair legam terhasil selepas proses prarawatan ke atas biojisim ini turut boleh dikitar semula.

Kini, Malaysia berkembang menjadi destinasi yang menarik untuk pelaburan berasaskan biojisim di seluruh rantaian nilai biojisim daripada huluan ke hiliran, pengeluar hingga peniaga dan ekosistem sokongan. Melalui konsep sifar sisa, isu bahan sisa yang mencemarkan alam sekitar dari kilang kelapa sawit dapat diatasi dan dikitar semula bagi memperoleh produk yang mempunyai nilai tambah. Penggunaan bahan sisa sawit secara lebih efisien mampu mendatangkan keuntungan melalui penghasilan produk nilai tambah. Selain itu, pengamalan sistem sisa bahan buangan yang lebih lestari di semua kilang sawit juga dapat dilaksanakan dengan lebih berkesan, cekap dan mampan.

Diharapkan konsep sifar sisa ini menjadi panduan bagi kilang kelapa sawit supaya membuat perubahan ke arah teknologi hijau dan neutral. Impaknya, inovasi ini dapat mempertingkatkan hasil daripada industri sawit dan memastikan pembangunan industri sawit yang lebih mapan. Melalui pelbagai penyelidikan konsep sifar sisa yang dijalankan pihak berkaitan dan berwajib, sudah tentu hal ini dapat mengetengahkan pelan strategik dalam menghapuskan kemungkinan pencemaran yang berpunca daripada kilang minyak sawit, termasuklah penggunaan teknologi hijau, memanfaatkan kelebihan lain sisa, menggunakan semula dan mengitar semula produk sampingan pepejal serta cecair sisa sawit. Penyelidikan berterusan dalam konsep sifar sisa mampu mentransformasikan kilang minyak sawit lebih lestari dan mesra alam dengan mengambil kira kesan jangka panjang pada masa akan datang.

Dengan itu, tiada lagi longgokan sisa kilang sawit yang boleh memberikan kesan pencemaran kepada alam sekitar kerana bahan buangan tersebut, akhirnya diproses dan dirawat menjadi sumber semula jadi yang baharu. Pelibatan pihak industri secara langsung dalam pembangunan lestari konsep sisa sifar amat penting bagi memastikan langkah ini terus relevan dan memenuhi keperluan pada masa ini. Industri sawit kini berdepan dengan pelbagai cabaran dan tohmahan negatif sehingga mendesak industri untuk menghentikan pengeluaran minyak sawit dengan prosesnya tidak lestari dan mesra alam. Perkara ini dapat disangkal dengan pengamalan konsep sifar sisa ini yang mampu menjadikan industri sawit di negara kita mesra alam. Konsep sifar sisa diharapkan dapat melenyapkan tanggapan negatif negara lain, khususnya negara Eropah dan Amerika Syarikat terhadap industri sawit Malaysia, seterusnya memperkukuhkan lagi kelestarian dan kemampanan industri ini.

PERKATAAN BAHARU

penggiat 推动者，积极分子

membabitkan 涉及

reputasi 名声，名望

terpalit 受连累的，被弄脏的

pemprosesan 处理

pepejal 固体

efluen 排放物

likat 粘着

keperang-perangan 呈褐色的

gas mentana 甲烷

bergelut 纠缠，角力，斗争

sifar sisa 零残余

kitar semula 再循环

dikomposkan 被变成混合肥料

isirung 果仁，果肉

hampas 残渣

baja organik 有机肥

biohidrogen 生物氢气

biogas 生物气，沼气

biojisim 生物量，生物质

biometana 生物甲烷

hidrogen 氢气

biomass 生物质，生物量

kolam pelupusan 降解池

meresap 消失，渗透

penguraian 分解

loji tenaga 发电厂

alga 海藻，藻类

kumbahan 洗涤用过的水

Mikroalga 微藻类

menjerap 渗透，渗入

serat 纤维

tandan 长梗

pelepah 叶梗

mesokarpa 果皮

tempurung 硬壳

lambakan 堆积

menjurus 指向，朝向

nutrien 养分，养料

pulpa 纸浆

komposit 混合物，合称物

biodegradasi 生物降解

fermentasi 发酵

bioetanol 生物乙醇

pelet 细纹木

karbon aktif 活性炭

sifat fizikokimia 物理化学性质

legam 黑色的

prarawatan 预处理

longgokan 堆积物

tohmahan 指责，污蔑

LATIHAN

I **Menjawab soalan pemahaman di bawah.**

1. Mengapakah topik tentang minyak kelapa sawit kekal hangat?

2. Macam mana untuk mengangani masalah pencemaran alam sekitar dalam pemprosesan kelapa sawit?

3. Bagaimana untuk mencapai sifar sisa dalam pemprosesan kelapa sawit?

4. Apakah manfaat untuk merealisasikan sifar sisa mengikut pengarang ini?

5. Mengapa pengarang menulis karangan ini?

II **Menterjemahkan ayat-ayat di bawah ini kepada bahasa Mandarin.**

1. Menyedari akan tahap keriusan isu berkenaan, sifar sisa sawit merupakan pendekatan terbaik bagi menangani kemelut industri sawit negara. Sifar sisa merupakan satu konsep untuk mengurangkan sampah atau sisa yang bakal dibuang ke tempat pelupusan. Dalam erti kata lain, konsep sifar sisa menjadi satu penggerak yang pragmatik dan berwawasan untuk mendidik masyarakat menggunakan bahan buangan sebagai sumber kegunaan lain dengan cara kitar semula.

2. Dengan konsep sifar sisa ini, sisa bahan buangan sawit diproses menjadi baja organik, makanan haiwan dan banyak lagi. Hidrogen dikumpul dan disalurkan ke loji tenaga, manakala karbon dioksida tidak lagi dilepaskan ke udara, sebaliknya diperangkap dan diserap oleh penapis alga.

3. Meskipun begitu, hakikatnya sisa biojisim mampu menawarkan pulangan ekonomi menarik melalui penghasilan produk nilai tambah yang memberikan manfaat sejagat, secara tidak langsung mengatasi masalah membabitkan pencemaran alam sekitar. Keupayaannya dalam menghasilkan produk nilai tambah mula dilihat sebagai sumber utama yang mampu melestarikan ekonomi negara.

4. Kemampuannya sebagai sumber biotenaga boleh diperbaharui untuk menghasilkan pelbagai produk nilai tambah disebabkan oleh sifat fizikokimia biojisim sawit yang baik dan kaya dengan kandungan nutrient, malah cecair legam terhasil selepas proses prarawatan ke atas biojisim ini turut boleh dikitar semula.

5. Konsep sifar sisa diharapkan dapat melenyapkan tanggapan negatif negara lain, khususnya negara Eropah dan Amerika Syarikat terhadap industri sawit Malaysia, seterusnya memperkukuhkan lagi kelestarian dan kemampanan industri ini.

Nilai Komersial Logo Halal

Institut Kerjasama Islam Antarabangsa Malaysia (IKIAM) dengan kerjasama Pihak Berkuasa Kemajuan Pekebun Kecil Perusahaan Getah (RISDA) mengumumkan rancangan untuk melancarkan logo halal baharu khusus bagi produk keluaran Muslim. Pengumuman menerusi sidang media itu menyebabkan banyak pihak tertanya-tanya tentang kerelevanan pelancaran logo halal tersebut. Timbul juga persoalan, adakah logo halal yang dikeluarkan oleh Jabatan Kemajuan Islam Malaysia (JAKIM) belum cukup untuk membuktikan kehalalan sesuatu produk keluaran Muslim?

Begitu pun, menurut Pengerusi RISDA, Datuk Zahidi Zainul Abidin, logo yang akan dilancarkan tidak lama lagi itu bertujuan untuk mengesahkan bahawa produk yang dikeluarkan oleh RISDA merupakan produk keluaran usahawan Muslim selepas memperoleh sijil halal JAKIM. Logo baharu itu juga akan meredakan keraguan segelintir masyarakat tentang isu halal.

Selain itu, RISDA juga percaya bahawa banyak usahawan di negara ini berpotensi untuk menerajui industri halal dunia berikutan persetujuan Malaysia menyertai Perjanjian Perkongsian Trans-Pasifik (TPPA) yang dianggotai 12 buah negara. Oleh itu, sijil halal yang dikeluarkan oleh RISDA dan IKIAM itu kelak diyakini akan melonjakkan lagi kepercayaan pengguna terhadap produk Muslim, khususnya keluaran RISDA.

"Keperluan menambah satu lagi logo halal adalah untuk membezakan produk keluaran Muslim dan bukan Muslim. Hal ini juga dapat membantu usahawan pekebun kecil RISDA untuk menerajui pasaran halal domestik dan antarabangsa," jelasnya kepada pemberita.

Tambahnya, pada peringkat ASEAN, terdapat sebuah syarikat Muslim yang memiliki 60 buah cawangan di seluruh China yang meminta RISDA membekalkan serta memasarkan produk halal kepada mereka. Oleh itu, RISDA tidak mahu melepaskan peluang tersebut untuk dimanfaatkan oleh pengusaha produk Muslim keluarannya. Bagi RISDA, keperluan untuk memperkenalkan logo halal baharu perlu diterima oleh semua pihak.

Hal ini ditambah lagi dengan hanya terdapat 28 peratus syarikat Muslim yang mempunyai sijil halal untuk dipasarkan di dalam negara berbanding dengan 72 peratus syarikat bukan Muslim. Syarikat milik Muslim yang berdaftar dengan Perbadanan Pembangunan Industri Halal (HDC) di bawah Kementerian Perdagangan Antarabangsa dan Industri bagi tujuan eksport hanyalah 11 peratus berbanding dengan 89 peratus yang dimiliki pengusaha bukan Islam.

Walau bagaimanapun, JAKIM, dalam respons awalnya, meminta RISDA memberikan butiran lebih lanjut tentang cadangan tersebut. Begitu pun, awal-awal lagi JAKIM memberikan peringatan bahawa hasrat RISDA dan IKIAM itu bercanggah dengan Akta Perihal Dagangan (Perakuan dan Penandaan Halal) Perintah 2011.

"Sekiranya RISDA dan IKIAM berhasrat untuk terus mengeluarkan logo halal baharu tersebut kepada produk Muslim keluaran mereka, maka tindakan tersebut bercanggah dengan Akta Perihal Dagangan (Perakuan dan Penandaan Halal) Perintah 2011 yang jelas menyatakan bahawa hanya JAKIM, Jabatan Agama Islam Negeri (JAIN) atau Majlis Agama Islam Negeri (MAIN) merupakan pihak berkuasa yang berwibawa dalam mengeluarkan pengesahan halal," jelas Ketua Pengarah JAKIM, Tan Sri Othman Mustapha.

Tidak dinafikan bahawa inisiatif RISDA dan IKIAM itu mempunyai objektif yang baik. Namun demikian, menurut Tan Sri Othman, RISDA perlu memastikan produk yang akan menggunakan logo produk Muslim keluaran mereka terlebih dahulu mendapat Sijil Pengesahan Halal Malaysia daripada JAKIM, JAIN atau MAIN. Hal ini perlu dilakukan untuk mengelakkan semua pihak, termasuk individu atau syarikat yang terlibat, tidak sewenang-wenangnya mengeluarkan sijil halal ciptaan mereka sendiri pada masa akan datang. Sehingga makalah ini ditulis, RISDA belum membuat sebarang pengumuman tentang hal tersebut.

JAKIM mempunyai alasan yang kukuh untuk mempertahankan satu-satunya sijil halal yang diperaku bukan sahaja di negara ini, malah pada peringkat antarabangsa. Oleh itu, untuk sebarang usaha memperkenalkan logo halal yang baharu atau tambahan kepada logo halal yang sedia ada, perkara tersebut haruslah diperhalus terlebih dahulu agar tidak mengelirukan pengguna, khususnya pengguna beragama Islam.

Hal ini dikatakan demikian kerana perkataan halal pada hari ini bukan lagi menjadi milik mutlak masyarakat Islam, tetapi seluruh rakyat Malaysia. Hal ini rentetan golongan peniaga yang bukan Islam mula menyedari kepentingan halal dan menuntut supaya produk barangan mereka mendapat pengesahan halal.

Rata-rata syarikat pengeluar produk barangan keperluan, khususnya makanan, meletakkan nilai label halal pada produk mereka lebih mahal dan bernilai berbanding dengan produk yang dikeluarkan. Mereka mengaku bahawa pengesahan halal JAKIM lebih memudahkan mereka memasarkan produk mereka kerana logo halal membawa nilai komersial yang begitu penting dan tinggi mengatasi sempadan bangsa, agama dan antarabangsa.

Hal ini bermula pada tahun 2003 apabila JAKIM sebagai badan penyelaras pensijilan halal di negara ini, memperkenalkan logo halal baharu yang standard di seluruh negara. Logo standard tersebut menyelesaikan segala persoalan dan kekeliruan kerana sebelum itu, setiap jabatan agama Islam negeri mengeluarkan logo halal masing-masing yang mempunyai identiti tersendiri.

Di Malaysia, sungguhpun logo halal nampak begitu gah dan berpengaruh, dari segi undang-undang, pemakaiannya tidak diwajibkan. Logo halal merupakan simbol jaminan kualiti berasaskan syarak yang menekankan aspek mutu produk, kesucian dan keselamatan, serta menjadi pilihan kepada syarikat atau peniaga untuk memohon penggunaannya.

Pada hari ini penggunaannya logo halal berubah secara mendadak dan menjadi keperluan pihak industri pengeluar produk makanan dan barangan gunaan untuk meyakinkan pengguna. Melalui elemen halal, kerajaan berjaya membuka peluang persaingan perniagaan antara pengeluar supaya barangan menjadi lebih berkualiti tinggi dan meyakinkan. Iklim perdagangan yang sihat ini berjaya dirintis dalam pasaran tempatan dan peringkat antarabangsa.

JAKIM telah melalui perjalanan yang mencabar dalam usaha mengembangkan nilai pensijilan halal yang pada hari ini dihormati dan dilihat amat hebat pada mata dunia. Dunia mengiktiraf pensijilan halal JAKIM. Oleh itu, adakah wajar sekiranya pihak lain memperkenalkan satu lagi logo halal yang baharu?

PERKATAAN BAHARU

halal 清真	(TPPA)泛太平洋合作协议
Institut Kerjasama Islam Antarabangsa Malaysia (IKIAM)马来西亚国际伊斯兰合作协会	melonjakkan 使跳跃，使飞跃
	Perbadanan Pembangunan Industri Halal (HDC)清真产业发展机构
Pihak Berkuasa Kemajuan Pekebun Kecil Perusahaan Getah (RISDA)橡胶工业小农户发展局	Jabatan Agama Islam Negeri (JAIN)国家伊斯兰宗教局
kerelevanan 有关联的，有关系的	Majlis Agama Islam Negeri (MAIN)国家伊斯兰宗教委员会
Jabatan Kemajuan Islam Malaysia (JAKIM) 马来西亚伊斯兰发展局	sewenang-wenangnya 随心所欲地
meredakan 平息	makalah 文章，文稿
Perjanjian Perkongsian Trans-Pasifik	rentetan 接着，接连
	dirintis 被开辟

LATIHAN

I **Menterjemahkan ayat-ayat di bawah ini kepada bahasa Mandarin.**

1. Begitu pun, menurut Pengerusi RISDA, Datuk Zahidi Zainul Abidin, logo yang akan dilancarkan tidak lama lagi itu bertujuan untuk mengesahkan bahawa produk yang dikeluarkan oleh RISDA merupakan produk keluaran usahawan Muslim selepas memperoleh sijil halal JAKIM. Logo baharu itu juga akan meredakan keraguan segelintir masyarakat tentang isu halal.

2. Tambahnya, pada peringkat ASEAN, terdapat sebuah syarikat Muslim yang memiliki 60 buah cawangan di seluruh China yang meminta RISDA membekalkan serta memasarkan produk halal kepada mereka. Oleh itu, RISDA tidak mahu melepaskan peluang tersebut untuk dimanfaatkan oleh pengusaha produk Muslim keluarannya.

3. Hal ini perlu dilakukan untuk mengelakkan semua pihak, termasuk individu atau

syarikat yang terlibat, tidak sewenang-wenangnya mengeluarkan sijil halal ciptaan mereka sendiri pada masa akan datang. Sehingga makalah ini ditulis, RISDA belum membuat sebarang pengumuman tentang hal tersebut.

4. Hal ini dikatakan demikian kerana perkataan halal pada hari ini bukan lagi menjadi milik mutlak masyarakat Islam, tetapi seluruh rakyat Malaysia. Hal ini rentetan golongan peniaga yang bukan Islam mula menyedari kepentingan halal dan menuntut supaya produk barangan mereka mendapat pengesahan halal.

5. Hal ini bermula pada tahun 2003 apabila JAKIM sebagai badan penyelaras pensijilan halal di negara ini, memperkenalkan logo halal baharu yang standard di seluruh negara. Logo standard tersebut menyelesaikan segala persoalan dan kekeliruan kerana sebelum itu, setiap jabatan agama Islam negeri mengeluarkan logo halal masing-masing yang mempunyai identiti tersendiri.

II **Sila rumuskan karangan yang panjangnya tidak melebihi 100 patah perkataan.**

PELAJARAN *8*

Teks A

Fosforus yang Dilupakan

Sistem pengeluaran makanan dunia menggunakan sebanyak 53 juta tan fosforus sebagai agen penyubur pada setiap tahun. Untuk mendapatkan jumlah yang diperlukan dunia bagi menyokong sistem pengeluaran makanan, maka sebanyak 270 juta tan batu fosfat perlu dilombong. Sebahagian besar fosforus hilang ke dalam tanah lalu masuk ke dalam sistem aliran air dan tumbuhan hanya mampu menyerap kira-kira 20 hingga 30 peratus fosforus sahaja. Kesannya, berlakulah pencemaran fosforus di dalam air yang mencipta zon kematian.

Apakah yang terjadi jika populasi penduduk dunia bertambah? Permintaan makanan dunia juga akan meningkat. Mengikut Pertubuhan Bangsa-Bangsa Bersatu (PBB), menjelang tahun 2050, populasi dunia bertambah sebanyak sembilan bilion dan permintaan makanan akan bertambah sebanyak 60 peratus. Hal ini bermakna lebih banyak makanan yang perlu dihasilkan dan sistem pengeluaran makanan memerlukan lebih banyak agen penyubur fosforus. Oleh itu, dari manakah dunia akan mendapatkan bekalan fosforus yang banyak?

Perubahan Diet Manusia

Ramai saintis menyuarakan kebimbangan bahawa pada suatu hari nanti bekalan fosforus akan berakhir. Bumi tidak lagi mampu mengeluarkan batu fosfat bagi beberapa dekad jika perlombongannya tidak dikawal. Dunia tanpa fosforus bermakna sistem pengeluaran makanan akan terjejas teruk. Mungkin tindakan drastik perlu diambil dengan mengubah diet manusia kerana apa-apa yang manusia makan mempunyai kesan langsung terhadap alam sekitar. Perubahan diet manusia kepada makanan berasaskan tumbuh-tumbuhan mampu mengurangkan penggunaan fosforus.

Tumbuhan masuk ke dalam rantaian makanan manusia melalui dua cara, iaitu yang pertama, manusia memakan tumbuhan dan hasilnya secara langsung. Yang kedua, tumbuh-tumbuhan itu dijadikan makanan haiwan ternakan yang menjadi sumber makanan manusia. Jenis makanan yang berbeza memerlukan jumlah fosforus yang juga berbeza untuk dihasilkan. Misalnya, satu kilogram fosforus boleh digunakan untuk menghasilkan sebanyak 3333 kilogram kentang, manakala jumlah fosforus yang sama hanya boleh menghasilkan sebanyak 16 kilogram daging sahaja. Bagi menyelamatkan bekalan fosforus dunia, maka manusia perlu menjadi herbivor berbanding dengan karnivor.

Asal Usul Fosforus

Permintaan fosforus dunia semakin meningkat, tetapi jumlah yang mampu dibekalkan semakin berkurangan. Malah hanya beberapa buah negara sahaja yang memiliki lombong

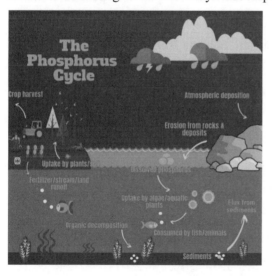

batu fosfat. Tujuh puluh dua peratus simpanan batu fosfat dunia terletak di Maghribi. Sementara itu, China hanya mampu menyumbang sebanyak enam peratus keperluan fosfat dunia. Selain itu, beberapa buah negara lain, seperti Rusia, Afrika Selatan dan Amerika Syarikat mempunyai simpanan fosfat yang amat terhad dan terlalu kecil jumlahnya. Setakat ini, hanya Maghribi sahaja yang mengeluarkan dan mengeksport fosfat ke seluruh dunia secara besar-besaran.

Fosfat terhasil secara semula jadi di dalam batu bersama-sama mineral yang lain. Seiring dengan proses perubahan cuaca, batu secara perlahan-lahan membebaskan fosforus sebagai ion fosfat yang larut di dalam air. Namun begitu, kini kebanyakan tanah di muka bumi mengalami kekurangan fosfat dan menyebabkan tanah menjadi tidak subur.

Bagi mengatasi masalah itu, petani perlu menambah kandungan fosfat kepada tanah untuk mengekalkan hasil pengeluaran tanaman dan ternakan. Fosfat ialah elemen penting yang diperlukan oleh tumbuhan dan haiwan termasuk ekosistem tasik untuk hidup subur. Malangnya, sumber fosfat tidak selamanya kekal kerana tidak boleh diganti secara semula jadi. Perlombongan yang tidak terkawal boleh menyebabkan dunia ketandusan fosfat.

Persoalannya, mampukah negara-negara pengeluar fosfat memenuhi permintaan itu, walhal sumbernya semakin berkurangan? Dianggarkan hanya 140 juta tan batu fosfat dilombong dari Amerika Syarikat, China, Maghribi dan Barat Sahara pada setiap tahun. Batu-batu fosfat itu diproses kemudian dieksport ke seluruh dunia. Tentulah lama-kelamaan tiga buah negara pengeluar utama fosfat tidak akan mampu menampung permintaan.

Maka, tidak mustahil apabila ada saintis yang meramalkan bahawa dunia akan kehilangan fosfat 345 tahun lagi. Malah, ada juga saintis yang meramalkannya hal itu akan berlaku lebih awal lagi, iaitu dalam 100 tahun lagi memandangkan permintaan makanan dunia semakin bertambah. Kebimbangan saintis itu berasas kerana perkara itu sudah pun berlaku di Pasifik terutamanya di Nauru dan Pulau Banaba yang sumber fosfatnya telah habis. Hal yang sama juga tidak mustahil berlaku kepada negara pengeluar utama fosfat.

Jika begitu, bagaimana tabung makanan dunia PBB mampu merealisasikan matlamat jangka panjangnya—kebuluran sifar. Menjelang tahun 2030, populasi penduduk dunia dijangka mencecah 8.5 bilion orang. Konflik akan berlaku antara mengekalkan pengeluaran makanan untuk mencapai kebuluran sifar dengan menjaga simpanan fosfat agar tidak kehabisan.

Sisa Fosfat

Sekurang-kurangnya sebanyak 50 peratus dan dalam keadaan tertentu mencecah 70 hingga 80 peratus fosforus yang ditabur ke tanah sebagai penyubur tumbuhan hilang. Hal ini bermaksud, tumbuhan-tumbuhan tidak menyerap 100 peratus fosforus untuk mengoptimumkan pengeluaran hasil.

Jadi, ke mana perginya fosforus yang selebihnya? Inilah masalah yang sedang dihadapi dunia pada hari ini, kesan daripada perancangan pembangunan selepas Perang Dunia Kedua, negara-negara di dunia sibuk memikirkan untuk mengekalkan bekalan simpanan makanan masing-masing. Agenda itu telah menyebabkan banyak penyelidikan pertanian dilakukan untuk meningkatkan pengeluaran hasil pertanian. Misalnya, pembangunan agen penyubur kimia berjalan rancak termasuklah penggunaan fosforus bagi meningkatkan kesuburan tanah dan membantu meningkatkan hasil pertanian.

Beberapa dekad kemudian, pengeluaran produk makanan semakin meningkat, tetapi alam sekitar menghantar isyarat bahawa ada kesan negatif daripada penggunaan fosforus secara meluas dalam pertanian. Fosforus secara tidak langsung memberikan kesan yang buruk kepada alam sekitar. Lebihan fosforus yang tidak mampu diserap oleh tumbuhan dibawa aliran air hingga ke sungai dan tasik. Apabila fosforus berada di dalam sungai atau tasik, hal itu bermakna satu bencana besar akan berlaku dalam kitaran kehidupan. Sungai dan tasik yang dipenuhi dengan fosforus akan menggalakkan pertumbuhan alga, hal itu bermakna terciptanya zon kematian.

Alga mengeluarkan toksik yang boleh membunuh tumbuh-tumbuhan dan haiwan yang hidup di dalam persekitaran sumber air tersebut. Terlalu banyak agen penyubur dan zat nutrien yang terkandung di dalam air menyebabkan spesies alga bertoksik tumbuh dengan cepat berbanding dengan spesies semula jadi yang wujud di dalam air. Secara totalnya, spesies bertoksik itu akan mengambil alih dan mengubah serta membunuh semua hidupan yang berada dalam ekosistem itu.

Kemusnahan alam sekitar sedang berlaku tanpa manusia sedar, hanya kerana fosforus yang tujuan asalnya sebagai agen penyubur. Seiring dengan masa dan perubahan alam sekitar, pilihan perlu dibuat untuk menentukan tumbuhan yang paling cekap menyerap fosforus. Mungkin boleh dilakukan dengan mengenal pasti genotip atau ekotip tumbuh-tumbuhan.

 **PERKATAAN BAHARU**

fosforus 磷	menyerap 吸收，融合
penyubur 肥料	ternakan 家禽，家畜
melombong 开矿，采矿	ketandusan 荒芜

walhal 其实，即使，不论	alga 海藻，藻类
meramalkan 预测	batu fosfat 磷酸盐矿石
kebuluran 饥荒，饥饿	rantaian makanan 食物链
sifar 零	menampung permintaan 满足需求
mencecah 轻触，稍微触及	penyubur kimia 化肥
menabur 散布，撒得满地	kitaran kehidupan 生命周期
rancak 活跃，积极	mengambil alih 接管，接办

LATIHAN

I Menjawab soalan pemahaman di bawah.

1. Kenapakah permintaan fosforus dunia semakin meningkat? Mengapakah penggunaan fosforus mampu dikurangkan dengan mengubah diet manusia? Sila jawab soalan ini secara ringkas dengan berdasarkan isi karangan ini.

2. Mengapakah hasil pengeluaran tanaman dan ternakan memerlukan begitu banyak fosfat?

3. Apa keadaan pengeluaran dan penggalian batu-batu fosfat dunia kini? Mampukah negara-negara pengeluar fosfat memenuhi permintaan sistem pengeluaran makanan dunia?

4. Tumbuhan-tumbuhan tidak menyerap 100 peratus fosforus untuk mengoptimumkan pengeluaran hasil, ke mana perginya fosforus yang selebihnya? Apa kesannya sisa fosfat masuk kitaran ekosistem?

5. Dari manakah dunia akan mendapatkan bekalan fosforus yang banyak? Apa saranan penulis untuk mengurangkan penggunaan fosforus dalam pertanian?

II Menterjemahkan ayat-ayat di bawah kepada bahasa Mandarin.

1. Untuk mendapatkan jumlah yang diperlukan dunia bagi menyokong sistem pengeluaran makanan, maka sebanyak 270 juta tan batu fosfat perlu dilombong. Sebahagian besar fosforus hilang ke dalam tanah lalu masuk ke dalam sistem aliran air dan tumbuhan hanya mampu menyerap kira-kira 20 hingga 30 peratus fosforus sahaja.

2. Mungkin tindakan drastik perlu diambil dengan mengubah diet manusia kerana apa-apa yang manusia makan mempunyai kesan langsung terhadap alam sekitar. Perubahan diet manusia kepada makanan berasaskan tumbuh-tumbuhan mampu mengurangkan penggunaan fosforus.

3. Fosfat terhasil secara semula jadi di dalam batu bersama-sama mineral yang lain. Seiring dengan proses perubahan cuaca, batu secara perlahan-lahan membebaskan fosforus sebagai ion fosfat yang larut di dalam air. Namun begitu, kini kebanyakan tanah di muka bumi mengalami kekurangan fosfat dan menyebabkan tanah menjadi tidak subur.

4. Fosfat ialah elemen penting yang diperlukan oleh tumbuhan dan haiwan termasuk ekosistem tasik untuk hidup subur. Malangnya, sumber fosfat tidak selamanya kekal kerana tidak boleh diganti secara semula jadi. Perlombongan yang tidak terkawal boleh menyebabkan dunia ketandusan fosfat.

5. Agenda itu telah menyebabkan banyak penyelidikan pertanian dilakukan untuk meningkatkan pengeluaran hasil pertanian. Misalnya, pembangunan agen penyubur kimia berjalan rancak termasuklah penggunaan fosforus bagi meningkatkan kesuburan tanah dan membantu meningkatkan hasil pertanian.

6. Alga mengeluarkan toksik yang boleh membunuh tumbuh-tumbuhan dan haiwan yang hidup di dalam persekitaran sumber air tersebut. Terlalu banyak agen penyubur dan zat nutrien yang terkandung di dalam air menyebabkan spesies alga bertoksik tumbuh dengan cepat berbanding dengan spesies semula jadi yang wujud di dalam air.

Teks B

Cabaran Terhadap Pembangunan Lestari

Alam sekitar memainkan peranan penting dalam kehidupan manusia, apabila berlakunya interaksi yang rumit antara keseluruhan organisma hidup (biosis) dengan ruang lingkup persekitarannya (abiosis). Teori yang berkaitan keseimbangan interaksi biosis dan abiosis menyatakan bumi yang merupakan satu ekosistem mempunyai saiz yang stabil pada satu-satu masa, apabila aliran masuk dan keluar tenaga yang terhasil daripada aktiviti manusia adalah lebih kurang sama. Bagi memastikan keseimbangan ini, aktiviti manusia pada tahap maksimum harus kekal pada atau di bawah kapasiti supaya alam sekitar mampu menampungnya.

Walau bagaimanapun, potensi penambahan tenaga pada kadar yang lebih pantas adalah sangat besar memandangkan pertambahan populasi manusia yang membawa peningkatan aktiviti seperti pertanian, perindustrian dan pembalakan. Aktiviti pembangunan ini sekiranya melebihi kapasiti yang boleh ditampung oleh bumi akan membawa pelbagai masalah ketidakseimbangan alam sekitar.

Pada masa ini, terdapat pelbagai isu alam sekitar yang perlu ditangani dengan bijak untuk memastikan kesinambungan pembangunan secara lestari. Penulisan kali ini akan memberikan tumpuan kepada empat isu alam sekitar utama, iaitu pemanasan global, penipisan lapisan ozon, penyahhutanan, serta kemusnahan kepelbagaian biologi.

Pemanasan Global

Perkataan pemanasan global yang diguna pakai secara meluas pada masa kini merujuk kepada kesan alam sekitar yang disebabkan oleh aktiviti manusia. Fenomena ini juga dikenali sebagai perubahan iklim. The Environmental Protection Agency (EPA) pada tahun 2009 merujuk pemanasan global sebagai peningkatan keseluruhan suhu atmosfera bumi dan laut secara beransur kesan daripada peningkatan paras pelepasan gas rumah hijau terutama karbon dioksida, metana dan nitrus oksida. Peningkatan gas ini terutama karbon dioksida akan memerangkap bahang bumi keluar ke atmosfera dan tenaga haba akan berkitar dalam ruang udara yang sama dan akhirnya menyebabkan suhu sekitar meningkat.

Peningkatan suhu global ditambah dengan kecairan glasier dan litupan ais di kutub mengakibatkan kenaikan paras laut di samping kekerapan kejadian ribut taufan dan siklon. Terdapat kajian berkenaan menunjukkan ketidakstabilan suhu global dan peningkatan paras laut mengakibatkan pusingan bumi bertambah perlahan dan kecondongan bumi pada paksinya turut berubah. Keadaan ini pastinya memberikan kesan yang amat besar kepada keseluruhan penduduk dunia.

Di samping itu, fenomena pemanasan global juga menyebabkan gangguan bekalan makanan akibat kegagalan meluas aktiviti. Namun begitu, satu kajian komprehensif perancangan pertanian terutama industri ternakan perlu diselaras secara sistematik berdasarkan permintaan dan pengeluaran sebenar memandangkan Pertubuhan Makanan dan Pertanian (FAO) melaporkan sebanyak 14.5 peratus pelepasan gas rumah hijau global adalah daripada sektor ternakan.

Penipisan Lapisan Ozon

Lapisan ozon merupakan lapisan gas yang mengelilingi bumi yang terletak di antara lapisan pertama dan kedua atmosfera, iaitu lapisan troposfera dan stratosfera. Lapisan ozon berada pada aras sekitar 20 km daripada permukaan bumi. Lapisan ozon berfungsi melindungi bumi dan kehidupannya daripada sinar ultra ungu (UV) berbahaya matahari dengan menyerak, menapis dan memantulkan semula ke angkasa. Kesan bahaya sinar UV termasuklah barah kulit dan katarak mata serta sistem ketahanan badan yang lemah. Sinar UV berlebihan juga menjejaskan hasil tanaman seterusnya memberikan kesan kepada rantaian bekalan makanan.

Pada peringkat global, pembebasan kloroflorokarbon (CFC) buatan manusia daripada penggunaan penghawa dingin peti sejuk dan minyak wangi antara punca utama penipisan lapisan ozon. Lapisan ozon yang menipis inilah membenarkan lebihan sinar matahari termasuk UV ke atmosfera bumi dan seterusnya turut menyumbang kepada pemanasan global. Dalam hal ini, sejak Januari 2010, Malaysia telah berjaya menghapuskan penggunaan CFC, halon dan karbontetraklorida. Pada masa yang sama, penggunaan metil bromida sebagai racun perosak dalam sektor pertanian dan pewasapan komoditi dan bangunan juga tidak lagi dibenarkan kecuali bagi tujuan aktiviti kuarantin dan praperkapalan yang melibatkan keselamatan negara.

Penyahhutanan

Secara umum penyahhutanan bermakna penghapusan hutan secara besar-besaran dengan pelbagai kaedah dan tujuan. Secara ilmiah pula bermaksud pembersihan hutan dara atau pemusnahan secara sengaja atau penyingkiran habitat hutan bagi tujuan pertanian, perdagangan, perumahan atau penggunaan kayu-kayan tanpa usaha untuk menanam semula sebagai hutan sekunder atau membenarkan masa untuk tumbuh semula secara semula jadi.

Secara umum terdapat empat kesan negatif daripada aktiviti penyahhutanan ke atas sistem geomorfologi, sistem hidrologi, sistem ekologi, dan atmosfera. Kesan ke atas geomorfologi bermaksud mendedahkan permukaan bumi kepada pelbagai proses

geomorfologi termasuk luluh hawa dalaman disebabkan kehilangan pelindung dan daya cengkaman tanah. Proses ini mengakibatkan tanah runtuh dan pemendapan sungai yang akhirnya meningkatkan kejadian banjir. Dari aspek hidrologi, penyahhutanan telah mengganggu kestabilan kitaran hidrologi. Proses seperti edaran air bawah tanah dan kesusupan tidak berlaku, storan air tanah berkurangan yang seterusnya mengurangkan sumber air sungai dan tasik, dan akhirnya mengganggu sistem bekalan air manusia. Semua ini berpunca daripada kehilangan kawasan tadahan hujan. Penyahhutanan turut mengancam ekosistem, habitat dan sistem rantaian makanan flora dan fauna. Pada akhirnya, hutan gagal berfungsi sebagai penyederhana suhu dan mengekalkan peratus kelembapan udara.

Kemusnahan Kepelbagaian Biologi

Kepelbagaian biologi merujuk kepada hubungan rumit antara tiga elemen utama, iaitu ekosistem, spesies dan genetik. Kepentingan biodiversiti boleh digariskan kepada empat fungsi utama, iaitu ekosistem seperti air bersih dan kayu-kayan, faedah daripada proses ekosistem seperti proses pendebungaan dan regulasi iklim, faedah bukan berbentuk fizikal seperti ekopelancongan dan pendidikan, dan perkhidmatan bagi membentuk ekosistem seperti kitaran nutrient dan penyediaan habitat.

Malangnya, habitat kritikal seperti hutan dan kawasan tanah lembap dan kering terus berkurangan. Sebanyak 13 juta hektar hutan lenyap antara tahun 2000-2010. Di samping itu, kepupusan spesies dijangka terus meningkat sepanjang abad-21 ini. Keadaan terumbu karang dunia merosot sebanyak 38% sejak 1980, dan hampir 2/3 sungai di dunia mengalami fregmentasi.

Malaysia merupakan salah satu 12 negara terkaya dari segi biodiversiti, yang meliputi 15 000 spesies tumbuhan berbunga, 150 000 spesies invertebrata, 307 spesies mamalia, 785 spesies burung dan 567 spesies reptilia. Terdapat empat punca utama kemusnahan kepelbagaian biologi di Malaysia, iaitu aktiviti pertanian dan pembangunan infrastruktur yang tidak dirancang dengan baik, eksploitasi berlebihan spesies tertentu seperti haiwan ikonik dan aktiviti perikanan, pencemaran sama ada udara, air atau daratan, dan kemasukan spesies berbahaya asing. Kesemua faktor kemusnahan kepelbagaian biologi ini sekiranya digabungkan dengan ancaman empat isu alam sekitar utama lain yang dinyatakan di atas, akan mendatangkan impak yang lebih serius pada masa hadapan.

Tekanan alam sekitar dijangka terus meningkat pada masa hadapan seiring dengan pembangunan pesat yang menggunakan sumber alam yang tinggi. Menangani tekanan ini lebih mencabar dengan kesukaran dalam hal memberikan nilai terhadap elemen biodiversiti tersebut. Pelaksanaan dasar pembangunan negara memerlukan pelbagai input, dan antara yang utama termasuklah status penggunaan sumber alam. Oleh hal yang demikian, analisis dan nilaian terhadap penawaran dan permintaan input perlu bagi memastikan usaha penggantian sumber dapat dijalankan dengan lebih sistematik. Sebagai satu rantaian ekosistem yang rumit, impak daripada isu alam sekitar terpilih akan menyebabkan perubahan besar bukan sahaja dalam landskap fizikal, tetapi juga dalam landskap sosial, politik dan ekonomi negara.

 **PENERANGAN**

1 **The Environmental Protection Agency (EPA)** 美国国家环境保护局

2 **Pertubuhan Makanan dan Pertanian** 联合国粮食及农业组织（**Food and Agriculture Organization of the United Nations, FAO**）

Pertubuhan Makanan dan Pertanian (FAO) merupakan sebuah agensi khusus Pertubuhan Bangsa-Bangsa Bersatu yang berusaha menghapuskan kelaparan. FAO merupakan satu forum neutral setiap negara berunding dan berbahas tentang dasar-dasar. FAO juga membantu negara-negara sedang memaju dengan memajukan pertanian, perhutanan dan perikanan demi menjamin bekalan makanan yang berkhasiat kepada semua penduduk dunia.

PERKATAAN BAHARU

keseimbangan 平衡，均衡

kesinambungan 延续，继续

pembalakan 砍伐

penyahhutanan 森林砍伐

tampung 承接，容纳，收集

bahang 热度，热气

litupan 遮盖物

kutub 极

kecondongan 倾斜，偏好，喜好

paksi 轴心，中枢

menyerak 散播，散布

memantulkan 使反射，使反弹

pewasapan 熏，蒸发（杀灭昆虫等）

kuarantin 隔离，检疫期

ilmiah 学术性的

penyingkiran 回避，疏散

habitat 栖息地

cengkaman 攫取，紧握，抓

pemendapan 沉淀，下沉

kesusupan 渗透

tadahan 蓄水

pembangunan lestari 可持续发展

pemanasan global 全球变暖

penipisan lapisan ozon 臭氧层消耗

kemusnahan kepelbagaian biologi 损害生物多样性

pelepasan gas rumah hijau 温室气体排放

tenaga haba 热能

kecairan glasier 冰川溶化

sinar ultra ungu 紫外线

rantaian bekalan makanan 食物供应链

penghawa dingin 空调

peti sejuk 冰箱

hutan dara 原始森林

hutan sekunder 次生林

luluh hawa (地理) 风化，风蚀

daya cengkaman tanah 抓地力

edaran air 水循环

kelembapan udara 空气湿度

tanah lembap 湿地

kepupusan spesies 物种灭绝

LATIHAN

I **Sila beri definisi yang tepat bagi istilah-istilah di bawah ini.**

pemanasan global

lapisan ozon

penyahhutanan

kepelbagaian biologi

Ⅱ **Menterjemahkan ayat-ayat di bawah kepada bahasa Mandarin.**

1. Teori yang berkaitan keseimbangan interaksi biosis dan abiosis menyatakan bumi yang merupakan satu ekosistem mempunyai saiz yang stabil pada satu-satu masa, apabila aliran masuk dan keluar tenaga yang terhasil daripada aktiviti manusia adalah lebih kurang sama. Bagi memastikan keseimbangan ini, aktiviti manusia pada tahap maksimum harus kekal pada atau di bawah kapasiti supaya alam sekitar mampu menampungnya.

2. Walau bagaimanapun, potensi penambahan tenaga pada kadar yang lebih pantas adalah sangat besar memandangkan pertambahan populasi manusia yang membawa peningkatan aktiviti seperti pertanian, perindustrian dan pembalakan. Aktiviti pembangunan ini sekiranya melebihi kapasiti yang boleh ditampung oleh bumi akan membawa pelbagai masalah ketidakseimbangan alam sekitar.

3. Peningkatan suhu global ditambah dengan kecairan glasier dan litupan ais di kutub mengakibatkan kenaikan paras laut di samping kekerapan kejadian ribut taufan dan siklon. Terdapat kajian berkenaan menunjukkan ketidakstabilan suhu global dan peningkatan paras laut mengakibatkan pusingan bumi bertambah perlahan dan kecondongan bumi pada paksinya turut berubah.

4. Pada peringkat global, pembebasan klorofloorokarbon (CFC) buatan manusia daripada penggunaan penghawa dingin peti sejuk dan minyak wangi antara punca utama penipisan lapisan ozon. Lapisan ozon yang menipis inilah membenarkan lebihan sinar matahari termasuk UV ke atmosfera bumi dan seterusnya turut menyumbang kepada pemanasan global.

5. Secara ilmiah pula bermaksud pembersihan hutan dara atau pemusnahan secara sengaja atau penyingkiran habitat hutan bagi tujuan pertanian, perdagangan, perumahan atau penggunaan kayu-kayan tanpa usaha untuk menanam semula sebagai hutan sekunder atau membenarkan masa untuk tumbuh semula secara semula jadi.

6. Kesan ke atas geomorfologi bermaksud mendedahkan permukaan bumi kepada pelbagai proses geomorfologi termasuk luluh hawa dalaman disebabkan kehilangan pelindung dan daya cengkaman tanah. Proses ini mengakibatkan tanah runtuh dan pemendapan sungai yang akhirnya meningkatkan kejadian banjir.

7. Kepentingan biodiversiti boleh digariskan kepada empat fungsi utama, iaitu ekosistem seperti air bersih dan kayu-kayan, faedah daripada proses ekosistem seperti proses pendebungaan dan regulasi iklim, faedah bukan berbentuk fizikal seperti ekopelancongan dan pendidikan, dan perkhidmatan bagi membentuk ekosistem seperti kitaran nutrient dan penyediaan habitat.

Ⅲ Sila rumuskan karangan yang panjangnya tidak melebihi 100 patah perkataan.

Teks A

Kes Sungai Kim Kim: Pengajaran untuk Semua

Peristiwa pencemaran Sungai Kim Kim yang berlaku pada hari Khamis, tujuh Mac 2019 menggemparkan penduduk sekitar Pasir Gudang. Sungai Kim Kim yang panjangnya hanya lebih kurang 13 kilometer selama ini hanya dikenali oleh masyarakat Pasir Gudang sahaja. Masyarakat yang hidup di sekeliling sungai ini kerap membuat laporan kepada pihak berkuasa tempatan kerana baunya yang busuk akibat daripada pencemaran. Sungai ini yang dikategorikan sebagai sungai "mati", tiba-tiba menjadi terkenal bukan sahaja di Malaysia, bahkan kemungkinan di seluruh dunia berikutan peristiwa tersebut.

Yang menyedihkan, sebahagian besar mangsa yang terkesan akibat pencemaran ini terdiri daripada pelajar sekolah yang tinggal atau bersekolah berhampiran dengan sungai tersebut. Pada hari kejadian, Sekolah Mengah Kebangsaan (SMK) Pasir Putih dan Sekolah Kebangsaan (SK) Pasir Putih yang terletak berhampiran kawasan yang tercemar ini diarahkan untuk disokongkan setelah beberapa orang pelajar menghadapi simptom pedih mata, loya, muntah, pening, sakit dada, sesak nafas akibat muntah dan pengsan selepas terhidu bau gas yang terhasil daripada sisa buangan bahan kimia.

Bagi mengelakkan bertambahnya mangsa dalam kalangan kanak-kanak di sekolah, Jabatan Pendidikan Negeri Johor memutuskan untuk menutup sejumlah 111 buah sekolah di daerah Pasir Gudang. Sebaghagian besar penduduk sekitar mengalami masalah kesihatan akibat daripada kesan pencemaran gas berbahaya, 70-90 peratus daripada mereka yang mesti menerima rawatan mengalami keadaan panik akibat daripada penyebaran berita yang tidak tepat berkenaan dengan kes pencemaran sisa toksik di Sungai Kim Kim.

Menurut penyiasatan pihak berkenaan, kes di Sungai Kim Kim ini boleh dikatakan "unik" kerana berpunca daripada buangan sisa proses pirolisis ke dalam sungai tersebut pada awal pagi 7 Mac 2019. Berapa jam kemudian bau bahan kimia di kawasan perumahan yang paling hampir dengan sungai tersebut amat kuat sehingga menyebabkan penduduk berasa loya dan sesak nafas. Hal ini bermakna bahawa pencemaran yang berlaku di kawasan tersebut telah sampai ke satu tahap baharu yang menyebabkan pencemaran yang berpunca dari sungai menjadi lebih kronik dan berjangkit kepada pencemaran udara pula.

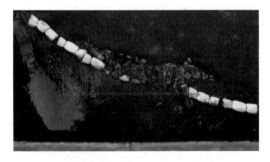

Betapa malangnya! Peristiwa pencemaran air dan kemudiannya udara yang menjadi mimpi ngeri penduduk di Pasir Gudang pada 2019 seakan-akan kembali berulang pada Feb. 2021. Sungai Kim Kim kembali tercemar dan nelayan pula mengadu hidupan dalam sungai juga hampir hilang, sekali gus mengakibatkan pendapatan nelayan juga terkesan. Selain warna air kehitaman dan bau busuk, terdapat tompokan minyak yang dikesan di Sungai Kim Kim yang dikatakan hampir sama dengan sisa toksik beracun kira-kira dua tahun lalu. Hampir semua lapisan masyarakat tempatan agar khuatir akan perlanjutan isu ini serta bakal skema kawalan pencemaran Sungai Kim Kim.

Sebenarnya, pencemaran sungai di negeri Johor telah lama berlarutan, malahan bilangan sungai yang tercemar telah bertambah setiap tahun. Jabatan Alam Sekitar telah melaporkan bahawa pada tahun 2017, bilangan sungai yang tercemar di Johor adalah sebanyak 29 buah berbanding 21 buah pada tahun 2015. Akibatnya, acap kali berlaku gangguan belakan air bersih kepada penduduk negeri ini. Antara kes yang terbesar termasuk yang berlaku pada akhir bulan Oktober 2017 sehingga memaksa loji rawatan air (LRA) Semangar, LRA Sungai Johor dan LRA Tai Hong ditutup yang menjejaskan hampir dua juta penduduk.

Melihat keadaan bencana di Pasir Gudang ini, ada beberapa pengajaran penting yang boleh dirumuskan. Pertama, kita tidak bersedia dengan pencetusan bencana kimia dan koordinasi antara agensi penyelamatan dalam bencana tersebut. Kita perlu mewujudkan Tatacara Pengendalian Piawai (Standard Operating Procedures) untuk bencana kimia seperti TPP untuk banjir. TPP ini telah ada dalam industri yang mengendalikan bahan kimia dan setiap industri ini mempunyai pegawai keselamatan sendiri untuk memastikan bahan kimia yang digunakan diurus dengan baik. Namun begitu, TPP yang ada ini adalah untuk industri itu sahaja dan tidak melibatkan bencana pencemaran di luar premis parameter industri tersebut. Oleh itu, sudah sampai masanya kerajaan mewujudkan TPP menyeluruh bagi menangani kejadian bencana kimia, termasuklah prosedur yang perlu diambil selepas bencana tersebut.

Banyak lagi perkara yang tidak selesai dalam usaha kita menangani masalah pencemaran alam sekitar ini. Pasir Gudang hab industri terpenting di Johor dengan terdapat penempatan beberapa industri minyak sawit dan petrokimia terbesar dunia. Dilaporkan Pasir Gudang mempunyai 2 005 kilang berlesen dan 250 daripadanya kilang berasaskan bahan kimia. Dalam menghadapi situasi sukar ini, pihak industri yang menjadi penyumbang utama kepada penghasilan efluen ke air sungai perlu bertanggungjawab memastikan operasi kilang dan industri mematuhi akta berkuat kuasa seperti pematuhan Akta Kualiti Alam Sekeliling 1974. Akta itu mengkehendaki semua air kumbahan dirawat dan mematuhi kepiawaian sebelum dilepaskan ke sungai atau tasik. Tambah menyedihkan, terdapat dalam kalangan industri tertentu tidak menghormati undang-undang semasa dan mencari jalan mudah untuk membuang sisa industri mereka ke dalam sungai bagi mengelakkan pengeluaran kos untuk rawatan sisa tersebut. Perkara ini diburukkan lagi dengan kelemahan dari segi pemantauan dan penguatkuasaan.

Industri harus peka sebagai tanggungjawab sosial mereka dengan sepatutnya mendidik masyarakat terhadap kepentingan pemuliharaan alam sekitar, bukan sebaliknya. Industri juga harus tidak mengejar keuntungan semata-mata sehingga mengakibatkan pencemaran dan kerugian kepada pihak lain.

Semua agensi dan pihak berkuasa perlu memperketat lagi proses penguatkuasaan pemeliharaan alam sekitar agar kejadian pencemaran alam sekitar tidak berlaku sewenang-wenangnya. Misalnya kerajaan perlu mengenakan penalti kepada mana-mana industri yang tidak bertanggungjawab melepaskan sisa sesuka hati. Sikap tamak industri yang hanya mementingkan pulangan dan kewangan sehingga sanggup membelakangkan undang-undang tidak wajar diberi ruang dan patut didenda.

Komuniti seperti sekolah dan institut pengajian tinggi harus sentiasa mengadakan program kesedaran alam sekitar untuk menerangkan perkara asas mengenai pencemaran, kesan dan kos terpaksa ditanggung kerajaan untuk program pemulihan. Masyarakat sendiri perlu sentiasa membantu dan memberi kerjasama kepada pihak berwajib jika didapati berkeperluan. Kerjasama antara penduduk, industri dengan kerajaan amat berguna untuk menangani perkara ini sebelum keadaan lebih parah. Hanya dengan wujud kerjasama antara industri, penduduk dengan agensi kerajaan, isu alam sekitar ini akan dapat ditangani sedari awal.

Usaha pematuhan dan kempen pemuliharaan alam sekitar ini sejajar dengan komitmen Malaysia untuk memenuhi Matlamat Pembangunan Mampan atau Matlamat Pembangunan Lestari (SDG) yang elemen air dan alam sekitar sangat penting dalam usaha mencapai matlamat berkenaan. Jika masih lagi tiada kesedaran dalam masyarakat tentang pentingnya penjagaan alam sekitar, maka kita tidak pasti nasib generasi akan datang akibat daripada kealpaan sekarang.

 **PENERANGAN**

1 **Sungai Kim Kim 金金河**

Sungai Kim Kim ialah sebuah sungai yang terletak di Pasir Gudang, Johor, Malaysia. Sungai ini menghubungkan antara Pasir Gudang dan Masai. Ia juga terkenal kerana menjadi lokasi di mana satu kejadian pencemaran bahan kimia sisa toksik yang berlaku pada 7 Mac 2019. Sungai ini sepanjang 13 km yang mengalir masuk ke Selat Johor.

2 **Akta Kualiti Alam Sekeliling 1974《1974年环境质量法》**

Akta Kualiti Alam Sekeliling 1974 menipakan satu bukti kecintaan masyarakat Malaysia terhadap alam semula jadi. Akta ini dikaitkan dengan perkara mencegah, menghapus, mengawal pencemaran dan membaiki alam sekeliling.

 **PERKATAAN BAHARU**

menggemparkan 轰动，惊动	berlarutan 延长，拖延
mengkategorikan 归类	hab 中心，中枢
loya 反胃，恶心	memperketat 使更紧密，使更严密
terhidu 吸入，突然嗅到	penalti 处罚，罚款
tompokan 堆积，累积	parah 沉重的，严重的；困难，困苦

sejajar 平行, 同等	membelakangkan 忽视, 轻视, 背弃
kealpaan 疏忽	lestari 永恒的, 永久的
koordinasi 协调	

LATIHAN

I **Sila terjemahkan istilah dan ungkapan di bawah ini.**

menggemparkan penduduk tempatan

mengategorikan... sebagai...

pedih mata

sesak nafas

sisa toksik

pernafasan pendek

mimpi ngeri

acap kali

loji rawatan air

merumuskan pengajaran

Tatacara Pengendalian Piawai

industri minyak sawit

merawat air kumbahan

memperketat proses penguatkuasaan pemeliharaan alam sekitar

Pembangunan Mampan

Pembangunan Lestari

II **Menjawab soalan pemahaman di bawah.**

1. Apa kesan buruk isu pencemaran Sungai Kim Kim pada 2019?

2. Menurut penyiasatan pihak berkenaan, pencemaran Sungai Kim Kim 2019 berpunca daripada apa?

3. Mengapakah isu pencemaran air dan udara begitu meruncing di Pasir Gudang?

4. Memandangkan isu pencemaran sungai kemudiannya udara ini, apa pengajaran penting yang boleh diambil oleh kita?

III Menterjemahkan ayat-ayat di bawah kepada bahasa Mandarin.

1. Pada hari kejadian, Sekolah Mengah Kebangsaan (SMK) Pasir Putih dan Sekolah Kebangsaan (SK) Pasir Putih yang terletak berhampiran kawasan yang tercemar ini diarahkan untuk disokongkan setelah beberapa orang pelajar menghadapi simptom pedih mata, loya, muntah, pening, sakit dada, sesak nafas akibat muntah dan pengsan selepas terhidu bau gas yang terhasil daripada sisa buangan bahan kimia.
2. Sebaghagian besar penduduk sekitar mengalami masalah kesihatan akibat daripada kesan pencemaran gas berbahaya, 70-90 peratus daripada mereka yang mesti menerima rawatan mengalami keadaan panik akibat daripada penyebaran berita yang tidak tepat berkenaan dengan kes pencemaran sisa toksik di Sungai Kim Kim.
3. Hal ini bermakna bahawa pencemaran yang berlaku di kawasan tersebut telah sampai ke satu tahap baharu yang menyebabkan pencemaran yang berpunca dari sungai menjadi lebih kronik dan berjangkit kepada pencemaran udara pula.
4. Tambah menyedihkan, terdapat dalam kalangan industri tertentu tidak menghormati undang-undang semasa dan mencari jalan mudah untuk membuang sisa industri mereka ke dalam sungai bagi mengelakkan pengeluaran kos untuk rawatan sisa tersebut. Perkara ini diburukkan lagi dengan kelemahan dari segi pemantauan dan penguatkuasaan.
5. Industri harus peka sebagai tanggungjawab sosial mereka dengan sepatutnya mendidik masyarakat terhadap kepentingan pemuliharaan alam sekitar, bukan sebaliknya. Industri juga harus tidak mengejar keuntungan semata-mata sehingga mengakibatkan pencemaran dan kerugian kepada pihak lain.
6. Misalnya kerajaan perlu mengenakan penalti kepada mana-mana industri yang tidak bertanggungjawab melepaskan sisa sesuka hati. Sikap tamak industri yang hanya mementingkan pulangan dan kewangan sehingga sanggup membelakangkan undang-undang tidak wajar diberi ruang dan patut didenda.

Tsunami E-Sisa Membadai Bumi

Kebergantungan manusia terhadap peranti elektronik amat kuat, tidak ada sesiapa pun yang boleh mengelak. Bermula daripada bangun tidur sehinggalah tidur kembali, peranti elektronik dan peralatan elektrik membantu memudahkan perjalanan hidup seharian. Tanpa kedua-duanya, nescaya hidup manusia tidak lengkap.

Pengeluaran peralatan elektronik semakin bertambah, manakala tidak banyak perancangan kitar semula. Begitu juga dengan pematuhan undang-undang yang terlalu lemah. Ke manakah hendak dicampak sisa peranti elektronik dan peralatan elektrik atau e-sisa yang sudah tidak digunakan? Bolehkah dibuang seperti sampah sisa isi rumah?

E-sisa merujuk kepada peralatan yang mempunyai palam, kord elektrik atau bateri (termasuk perkakasan elektronik dan elektrik) daripada pembakar roti sehinggalah berus gigi elektrik, telefon pintar, komputer riba, televisyen LED dan komputer yang rosak atau tidak lagi digunakan. Selain itu, e-sisa juga dikenali sebagai sisa peralatan elektrik atau elektronik.

Australia, China, Kesatuan Eropah, Jepun, Amerika Utara dan Republik Korea merupakan antara negara yang dikenal pasti sebagai pengeluar terbesar e-sisa. Di Amerika Syarikat dan Kanada, dianggarkan setiap orang menghasilkan kira-kira 20 kilogram (kg) e-sisa pada setiap tahun. Sementara itu, negara Kesatuan Eropah hanya berada beberapa angka di belakang, iaitu 17.7 kg. Sebanyak 1.2 bilion orang penduduk Afrika pula menghasilkan e-sisa (setiap orang) sebanyak 1.9 kg setahun. Dunia akan dibadai tsunami e-sisa tidak lama lagi.

Pada tahun 2020, jumlah e-sisa yang dihasilkan adalah sebanyak 50 juta tan metrik. E-sisa seberat itu sama dengan 125 ribu jet jumbo di Lapangan Terbang Heathrow London dan dianggarkan perlu mengambil masa enam bulan untuk menunggu giliran kebenaran untuk berlepas. Malangnya, sebanyak 40 juta tan metrik daripada jumlah keseluruhan e-sisa yang dihasilkan pada setiap tahun dibuang di tapak pelupusan sampah, dibakar, diperdagangkan secara haram dan dijual di luar piawaian pelupusan yang ditetapkan.

Malah lebih membimbangkan, sebanyak 1.3 juta tan e-sisa dari Kesatuan Eropah dieksport secara haram ke negara membangun. Sudah tentulah hal itu bukan perkembangan yang baik kerana negara membangun tidak mempunyai teknologi yang selamat untuk mengendalikan pelupusan e-sisa. Pada akhirnya, e-sisa dilupuskan di tapak pelupusan sampah sisa rumah dan menyebabkan logam toksik dilepaskan lalu meresap masuk ke dalam air bawah tanah yang mengancam kesihatan manusia dan alam sekitar.

Isu Alam Sekitar dan Kesihatan

Bagaimanakah boleh wujud begitu banyak e-sisa dalam tempoh beberapa tahun belakangan ini dan bertambah pula untuk tahun-tahun mendatang? Yang pastinya, apabila kebolehcapaian internet semakin meluas, maka permintaan terhadap peranti elektronik pasti akan bertambah.

Semua peranti tersebut ada tarikh luputnya. Oleh itu, sudah semestinya angka e-sisa akan bertambah dan menjadi lebih parah. E-sisa yang ada pada hari ini merupakan hasil daripada penggunaan peranti elektronik pada masa lalu. Jejak e-sisa daripada teknologi lama itu belum sepenuhnya dapat ditangani, kini ditambah pula dengan beban e-sisa daripada teknologi baharu. Bumi semakin parah jadinya, benarlah amaran PBB bahawa tsunami e-sisa yang dahsyat akan melanda bumi tidak lama lagi jika masalah yang sedia ada tidak diselesaikan dengan segera.

Jika tsunami e-sisa benar-benar berlaku, hal ini merupakan mudarat besar kepada manusia dan bumi—peranti elektronik mengandungi plumbum, kromium, merkuri dan kadmium yang boleh mengundang bahaya kepada kesihatan manusia jika tidak diuruskan dengan betul. E-sisa juga boleh mencemarkan sumber air, tanah dan rantaian bekalan makanan. Malah, sebelum menjadi e-sisa, peranti elektronik telah pun memberikan kesan kepada alam sekitar dan menyumbang kepada perubahan iklim.

Pada hakikatnya, setiap peranti elektronik yang dihasilkan akan mengubah kandungan karbon dioksida alam sekitar dan

menyumbang kepada pemanasan global buatan manusia. Misalnya, setiap satu tan metrik komputer riba yang dikeluarkan berpotensi melepaskan 10 tan gas karbon dioksida.

Pun begitu, e-sisa juga mengandungi elemen berharga seperti emas dan tembaga yang memberikan sumber pendapatan kepada pencari sampah. Namun begitu, teknik asas kitar semula dengan membakar plastik untuk mengasingkan logam berharga, meleburkan plumbum secara terbuka atau mencairkan papan litar di dalam asid hanya mendedahkan manusia kepada bahan toksik.

Di kebanyakan negara membangun, wanita dan kanak-kanak menjadi pekerja secara haram di pusat pelupusan e-sisa. Penemuan daripada banyak kajian yang dijalankan mendapati pendedahan berterusan kepada sebatian toksik amat berbahaya kepada wanita dan kanak-kanak. Bahan toksik yang dibebaskan daripada pembakaran e-sisa boleh menyebabkan keguguran, kelahiran bayi pramatang, kecacatan dan kematian bayi.

Bakteria E-Sisa

Bagaimanakah boleh wujud begitu banyak e-sisa? Syarikat pengeluar peranti elektronik berlumba-lumba mengeluarkan produk baharu berteknologi canggih dengan harga mampu milik. Syarikat pengeluar mengaut keuntungan dengan kemunculan produk baharu, manakala pengguna membeli kerana mengikut trend. Pada akhirnya, peranti elektronik yang sedia ada tidak digunakan dan dijual sebagai barangan terpakai atau mungkin menjadi e-sisa.

Apabila pengeluaran produk baharu tidak diseimbangkan dengan mengitar semula produk lama, maka berlakulah lambakan e-sisa. Malah, Kesatuan Eropah yang menjadi pelopor kitar semula e-sisa hanya mampu mengitar semula sebanyak 35 peratus e-sisa. Secara puratanya hanya 20 peratus daripada keseluruhan e-sisa dunia yang dikitar semula, selebihnya dibuang di tapak pelupusan sampah.

E-sisa bertambah juga disebabkan oleh penguatkuasaan undang-undang yang longgar. Setakat ini, hanya 67 buah negara sahaja yang mempunyai undang-undang pengurusan e-sisa. Di kebanyakan negara di Benua Afrika, Amerika Latin dan Asia Tenggara, isu e-sisa tidak menjadi agenda utama politik serta tidak ada penguatkuasaan undang-undang.

Melihat kepada masalah yang bakal melanda bumi, satu daripada jalan penyelesaian serampang dua mata yang perlu dilaksanakan segera termasuklah menyelesaikan lambakan e-sisa yang menyebabkan pencemaran. Kedua, mengutip kembali logam berharga yang terdapat dalam timbunan e-sisa.

Dalam timbunan logam toksik ada emas, tembaga dan perak yang tinggi nilainya. Bagi negara miskin, tapak pelupusan e-sisa ialah sumber pendapatan yang lumayan. Pada setiap tahun, emas dan perak yang bernilai RM105 bilion digunakan untuk mengeluarkan peranti elektronik baharu. Seandainya tujuh peratus daripada emas dunia yang terperangkap di dalam e-sisa dapat dikitar semula dengan cara yang selamat untuk mengeluarkan peranti elektronik baharu, pasti lebih menjimatkan.

Dianggarkan, kitar semula e-sisa boleh menyumbang sebanyak RM312 bilion setahun kepada ekonomi dan membantu menampung kekurangan sumber bahan mentah bagi menghasilkan produk baharu. Kebanyakan peranti elektronik menggunakan elemen yang disenaraikan sebagai unsur nadir bumi (rare earth elements), seperti indium, platinum, perak, tembaga, emas, besi dan paladium yang dijangka kehabisan bekalannya dalam tempoh 15 hingga 20 tahun lagi. Melihat trend penggunaan bahan mentah, maka tidak mustahil sumber bekalannya akan habis.

Usaha mengitar semula elemen penting daripada e-sisa merupakan cara yang paling berkesan untuk mengatasi kekurangan bekalan bahan mentah. Untuk itu, saintis sudah menemukan teknologi kitar semula yang terbaik dengan kaedah biolarut resap. Meskipun mengekstrak logam dengan menggunakan bioleaching agak perlahan berbanding dengan kaedah tradisional, namun kejuruteraan genetik telah membuktikan bahawa mikrob boleh digunakan dengan berkesan dalam teknologi hijau kitar semula.

Usaha saintis membangunkan teknik kitar semula yang cekap hanya menyelesaikan secebis kecil masalah e-sisa. Setiap peranti yang dicipta perlu direka bentuk agar mesra kitar semula dan merawat budaya mencampak peranti yang tidak diperlukan sesuka hati. Kedua-dua masalah tersebut perlu ditangani agar tsunami e-sisa dapat diperlahankan.

PERKATAAN BAHARU

nescaya 必然的，一定的

kitar 附近，旋转，循环

palam（电器）插头

perkakasan 电脑配件

membadai 刮大风，起风暴

pelupusan 消除，消失，处理

piawaian 标准

meresap 渗透，渗入

luput 消失，脱身

dahsyat 恐怖的，可怕的

mencemarkan 弄脏，沾污

tembaga 铜

meleburkan 熔化，熔解，摧毁

mendedahkan 暴露

kecacatan 缺点，缺陷

mengaut 收集，抓取

lambakan 堆积

pelopor 领导者，先驱，先锋

longgar 松散的

mengutip 摘录，募捐，筹集

timbunan 堆积

lumayan 可观的，相当的

seandainya 万一，假定

terperangkap 掉入陷阱

menampung 承接，容纳，接收，收集

larut 溶解，溶化

LATIHAN

I **Sila terjemahkan istilah dan ungkapan di bawah ini.**

peranti elektronik

kitar semula

isi rumah

komputer riba

tapak pelupusan sampah

rantaian bekalan makanan

pemanasan global

mengaut keuntungan

barangan terpakai

menampung kekurangan sumber bahan mentah

unsur nadir bumi

kejuruteraan genetik

II **Menterjemahkan ayat-ayat di bawah kepada bahasa Mandarin.**

1. E-sisa seberat itu sama dengan 125 ribu jet jumbo di Lapangan Terbang Heathrow London dan dianggarkan perlu mengambil masa enam bulan untuk menunggu giliran kebenaran untuk berlepas. Malangnya, sebanyak 40 juta tan metrik daripada jumlah keseluruhan e-sisa yang dihasilkan pada setiap tahun dibuang di tapak pelupusan sampah, dibakar, diperdagangkan secara haram dan dijual di luar piawaian pelupusan yang ditetapkan.

2. Namun begitu, teknik asas kitar semula dengan membakar plastik untuk mengasingkan logam berharga, meleburkan plumbum secara terbuka atau mencairkan papan litar di dalam asid hanya mendedahkan manusia kepada bahan toksik.

3. Penemuan daripada banyak kajian yang dijalankan mendapati pendedahan berterusan kepada sebatian toksik amat berbahaya kepada wanita dan kanak-kanak. Bahan toksik yang dibebaskan daripada pembakaran e-sisa boleh menyebabkan keguguran, kelahiran bayi pramatang, kecacatan dan kematian bayi.

4. Melihat kepada masalah yang bakal melanda bumi, satu daripada jalan penyelesaian serampang dua mata yang perlu dilaksanakan segera termasuklah menyelesaikan lambakan e-sisa yang menyebabkan pencemaran. Kedua, mengutip kembali logam berharga yang terdapat dalam timbunan e-sisa.

5. Seandainya tujuh peratus daripada emas dunia yang terperangkap di dalam e-sisa dapat dikitar semula dengan cara yang selamat untuk mengeluarkan peranti elektronik baharu, pasti lebih menjimatkan.

6. Meskipun mengekstrak logam dengan menggunakan bioleaching agak perlahan berbanding dengan kaedah tradisional, namun kejuruteraan genetik telah membuktikan bahawa mikrob boleh digunakan dengan berkesan dalam teknologi hijau kitar semula.

7. Setiap peranti yang dicipta perlu direka bentuk agar mesra kitar semula dan merawat budaya mencampak peranti yang tidak diperlukan sesuka hati. Kedua-dua masalah tersebut perlu ditangani agar tsunami e-sisa dapat diperlahankan.

III **Sila lakar rangka karangan yang panjangnya tidak melebihi 80 patah perkataan.**

Ekonomi Gig: Model Ekonomi Terbaharu

Dalam era pendigitalan ekonomi, ekonomi gig telah menjadi sumber pertumbuhan utama dan banyak mempengaruhi penyusunan semula kegiatan ekonomi dan pekerjaan ke arah mencapai ekonomi yang lebih mampan. Kepesatan teknologi telah membuka ruang yang lebih luas kepada pekerjaan yang berorientasikan "gig" untuk diakses oleh kebanyakan individu. Ekonomi gig adalah satu sistem pasaran bebas yang memberi kebebasan kepada organisasi dan pekerja untuk menjalani kontrak kerja suka sama suka tanpa perlu menggajikan pekerja sepenuh masa.

Dalam erti kata lain, ekonomi gig ialah pasaran buruh bercirikan kontrak dalam jangka pendek atau kerja bebas yang dilakukan oleh individu dan dipacu oleh persekitaran digital, serta kesediaan aplikasi yang secara langsung menyampaikan maklumat dan peluang untuk bekerja. Dalam konteks ini, terdapat tiga komponen utama dalam ekonomi gig, iaitu pekerja bebas yang dibayar berasaskan tugas tertentu, pelanggan yang mahu perkhidmatan spesifik, syarikat yang membina medium antara pekerja bebas dengan pelanggan menggunakan platform aplikasi teknologi.

Istilah ekonomi gig mula popular sejak dunia dilanda kegawatan ekonomi pada tahun 2008. Kegawatan ekonomi ini memberi kesan kepada dunia terutama Amerika Syarikat sehingga mencetuskan trend pendigitalan kerja menerusi kegiatan ekonomi perkongsian. Maka wujudlah platform perantara penyedia perkhidmatan digital seperti Uber, Airbnb dan Lyft yang menjadi asas kepada perkembangan ekonomi gig di Amerika Syarikat.

Perkembangan ekonomi gig di Amerika Syarikat telah membuka peluang pekerjaan baharu serta dapat menjana pendapatan, selain mengurangkan kebergantungan pada tenaga kerja asing. Namun begitu, di Malaysia, ekonomi gig baru sahaja berkembang dan model ekonomi ini merupakan sebuah model yang memerlukan sesuatu perniagaan yang bergantung pada pekerja bebas. Ekonomi gig mula kelihatan kesannya di negara Malaysia pada waktu itu, namun ia lebih bertumpu di sekitar Lembah Klang (Kuala Lumpur dan bandar sekitarnya).

Berdasarkan data daripada Tenaga Buruh Malaysia, trend pekerjaan masa kini semakin ke arah pekerjaan gig atau pekerjaan bebas. Peratusan pekerjaan tidak formal atau "pekerja akaun sendiri" telah meningkat daripada 17.4 peratus pada tahun 2008 kepada 19.4 peratus pada tahun 2018. Kini, penggunaan internet secara laus telah membuka ruang dan peluang untuk syarikat-syarikat pemula seperti Grab, Foodpanda, Mycar, Lalamove dan banyak lagi untuk tumbuh bak cendawan tumbuh selepas hujan dan terus melebarkan jaringan ke seluruh pelusuk Malaysia.

Penerimaan rakyat terhadap ekonomi gig menjadi penyumbang utama syarikat-syarikat ini untuk terus bertahan dan berdiri kukuh dalam jangka masa yang panjang. Model perniagaan dalam ekonomi gig lebih bertumpu kepada pengguna dan perubahan perniagaan juga sering didorong oleh permintaan pengguna. Komposisi pengguna dalam ekonomi gig merangkumi pelanggan yang menggunakan perkhidmatan gig dan juga pekerja atau peniaga dan vendor yang berkhidmat dalam perkhidmatan gig.

Bagi sektor runcit dan logistik, segmen ekonomi ini telah memberikan banyak manfaat kepada pelbagai penggiat industri khususnya yang telah lama meneroka perkhidmatan platform digital, seperti pasar raya maya Amazon, Shopee, Lazada, tidak ketinggalan juga perkhidmatan Grab, Foodpanda, Lalamove, Goget dan sebagainya. Hal ini dapat dilihat apabila penggiat industri bertungkus lumus membangunkan platform digital masing-masing bagi memenuhi permintaan pengguna yang meningkat secara mendadak.

Dengan perkembangan teknologi yang pantas dan ekonomi gig yang semakin meningkat popular, tidak mustahil pada masa akan datang pemain industri dalam sektor

pembuatan akan mempertimbangkan penggunaan automasi robotik untuk menggantikan tenaga manusia dalam usaha mengurangkan risiko yang boleh menjejaskan sektor berkenaan. Selain itu juga, teknologi kecerdasan buatan dan data raya juga dapat membantu untuk mengubah model perniagaan sektor peruncitan kepada model baharu yang lebih cekap dan produktif.

Secara keseluruhannya, model ekonomi gig akan lebih pantas mendahului sektor ekonomi tradisional dan mendapat perhatian para pelabur disebabkan oleh potensinya yang berkembang seiring dengan kemajuan teknologi. Akan tetapi, perkara ini masih tidak begitu lancar berikutan beberapa halangan, antaranya kelajuan internet yang belum dibangunkan sepenuhnya menjadikan data muat turun agak perlahan khususnya di kawasan luar bandar. Selain itu, penggunaan internet dalam perniagaan secara dalam talian di negara ini juga masih belum mencapai tahap yang optimum.

Hal ini dikatakan demikian kerana ekonomi gig banyak bergantung pada kejituan

dan kelajuan internet untuk memproses data. Oleh hal yang demikian, kaedah perniagaan masa hadapan haruslah sesuai dengan perkembangan teknologi. Pihak bertanggungjawab boleh melakukan penambahbaikan bagi memastikan capaian internet tidak terganggu dalam usaha meningkatkan penyertaan usahawan dalam segmen ekonomi gig dan menjadikan lebih banyak perniagaan di negara ini terus relevan dan mampu bersaing.

Yang menariknya, meskipun majoriti rakyat khususnya di luar bandar belum bersedia sepenuhnya untuk penggunaan aplikasi ekonomi gig dalam kehidupan seharian, tetapi disebabkan oleh trend ekonomi global, peniaga industri mikro, kecil dan sederhana terpaksa mempelajarinya dalam tempoh yang singkat. Yang pasti, penerimaan rakyat Malaysia berkaitan ekonomi gig ini semakin positif dan tentunya merupakan perkembangan yang sihat dan merancakkan lagi ekonomi negara.

Pada hakikatnya, ekonomi gig tidak menjanjikan pendapatan bulanan yang tetap dan kenaikan pangkat, tetapi model ekonomi ini mampu menjana pendapatan kepada individu yang tidak mahu terikat dengan jadual kerja yang ketat atau individu yang kehilangan pekerjaan. Walaupun ekonomi gig memberikan penyelesaian jangka pendek untuk masalah ekonomi, namun sektor ekonomi ini tidak berdaya maju sebagai sumber pendapatan jangka panjang.

Tambahan lagi, ekonomi gig ini tidak terkecuali daripada kesan negatif apabila meletakkan pekerja dalam perangkap kemahiran dan kerjaya. Mereka yang berada dalam ekonomi gig ini akan sentiasa berada dalam kedudukan sementara atau sambilan. Hal ini bermakna mereka tidak akan dapat membangunkan kemahiran yang kukuh atau meningkatkan kepakaran, yang boleh menawarkan laluan kerjaya yang lebih positif. Mereka mungkin tidak akan dapat pekerjaan dengan gaji yang lebih baik atau pekerjaan yang lebih baik yang menawarkan faedah dan pampasan yang stabil.

Berdasarkan data Kumpulan Wang Simpanan Pekerja (KWSP), peningkatan ekonomi gig dan penduduk yang semakin tua dijangka menyebabkan penurunan peratusan pekerja yang menyumbang kepada dana itu. Hal ini bertentangan dengan pekerjaan tetap di mana penyumbang gaji sektor swasta menyumbang kepada KWSP sementara penjawat awam mempunyai perlindungan pencen awam.

Tanpa dasar yang konkrit bagi menangani isu-isu tersebut, pengembangan ekonomi gig mungkin mewujudkan ketidakstabilan kewangan yang kelak menimbulkan isu sosioekonomi dan politik yang lebih serius dalam jangka panjang ke atas negara. Oleh itu, ekonomi gig perlu diperbaik bagi menyediakan bentuk perlindungan dalam memastikan kebajikan pekerja terus terbela untuk masa sekarang dan akan datang. Oleh hal yang demikian, kerajaan mengambil beberapa inisiatif dengan tujuan memanfaatkan ekonomi gig.

 **PENERANGAN**

1 **Airbnb** 爱彼迎全球民宿短租公寓预订平台

Airbnb ialah satu platform atau pasaran dalam talian yang dibangunkan pada 2008 untuk orang yang ingin menyewa dan menyewakan pangsapuri, bilik persendirian, rumah atau tempat tinggal di serata dunia.

2 **Lyft** 来福车

Lyft adalah sebuah syarikat rangkaian pengangkutan di Amerika Syarikat yang menyediakan perkhidmatan perkongsian perjalanan. Syarikat ini mengembangkan, memasarkan, dan mengoperasikan aplikasi mudah alih pengangkutan kereta Lyft.

3 **Kumpulan Wang Simpanan Pekerja (KWSP)** 马来西亚雇员公积金局

Kumpulan Wang Simpanan Pekerja (KWSP) merupakan sebuah institusi keselamatan sosial yang ditubuhkan di bawah Undang-Undang Malaysia, Akta Kumpulan Wang Simpanan Pekerja 1991 (Akta 452) yang menyediakan faedah persaraan kepada ahlinya melalui pengurusan simpanan mereka secara cekap dan boleh dipercayai.

PERKATAAN BAHARU

kegawatan 危机，难关

segmen 部分，细节

terbela 受保护

ekonomi gig 零工经济

suka sama suka 双方同意，你情我愿

kegawatan ekonomi 经济危机

ekonomi perkongsian 共享经济

bertungkus lumus 勤勉，苦干

muat turun 下载

LATIHAN

I Menjawab soalan pemahaman di bawah.

1. Apa itu ekonomi gig? Apa komponen utama dalam ekonomi gig?

2. Apa sejarah perkembangan ekonomi gig global? Bagaimana dengan perkembangan ekonomi gigi di Malaysia pada masa kini?

3. Kini, penggunaan internet secara luas telah membuka ruang dan peluang untuk syarikat-syarikat pemula seperti Grab, Foodpanda, Mycar, Lalamove dan banyak lagi untuk tumbuh **bak cendawan tumbuh selepas hujan** dan terus melebarkan jaringan ke seluruh pelusuk Malaysia. Apa maksud pepatah **"bak cendawan tumbuh selepas hujan"** dalam konteks ini?

4. Bagaimana syarikat-syarikat pemula dalam ekonomi gig bertahan dan berdiri kukuh dalam jangka masa yang panjang?

5. Apa halangan muncul dalam pembangunan ekonomi gig di Malaysia?

6. Secara kesimpulannya, apa kesan negatif dan kesan positif ekonomi gig pada penilikan anda?

II Menterjemahkan ayat-ayat di bawah kepada bahasa Mandarin.

1. Kepesatan teknologi telah membuka ruang yang lebih luas kepada pekerjaan yang berorientasikan "gig" untuk diakses oleh kebanyakan individu. Ekonomi gig adalah satu sistem pasaran bebas yang memberi kebebasan kepada organisasi dan pekerja

untuk menjalani kontrak kerja suka sama suka tanpa perlu menggajikan pekerja sepenuh masa.

2. Dalam erti kata lain, ekonomi gig ialah pasaran buruh bercirikan kontrak dalam jangka pendek atau kerja bebas yang dilakukan oleh individu dan dipacu oleh persekitaran digital, serta kesediaan aplikasi yang secara langsung menyampaikan maklumat dan peluang untuk bekerja.

3. Dengan perkembangan teknologi yang pantas dan ekonomi gig yang semakin meningkat popular, tidak mustahil pada masa akan datang pemain industri dalam sektor pembuatan akan mempertimbangkan penggunaan automasi robotik untuk menggantikan tenaga manusia dalam usaha mengurangkan risiko yang boleh menjejaskan sektor berkenaan.

4. Secara keseluruhannya, model ekonomi gig akan lebih pantas mendahului sektor ekonomi tradisional dan mendapat perhatian para pelabur disebabkan oleh potensinya yang berkembang seiring dengan kemajuan teknologi.

5. Pihak bertanggungjawab boleh melakukan penambahbaikan bagi memastikan capaian internet tidak terganggu dalam usaha meningkatkan penyertaan usahawan dalam segmen ekonomi gig dan menjadikan lebih banyak perniagaan di negara ini terus relevan dan mampu bersaing.

6. Pada hakikatnya, ekonomi gig tidak menjanjikan pendapatan bulanan yang tetap dan kenaikan pangkat, tetapi model ekonomi ini mampu menjana pendapatan kepada individu yang tidak mahu terikat dengan jadual kerja yang ketat atau individu yang kehilangan pekerjaan.

7. Tambahan lagi, ekonomi gig ini tidak terkecuali daripada kesan negatif apabila meletakkan pekerja dalam perangkap kemahiran dan kerjaya. Mereka yang berada dalam ekonomi gig ini akan sentiasa berada dalam kedudukan sementara atau sambilan. Hal ini bermakna mereka tidak akan dapat membangunkan kemahiran yang kukuh atau meningkatkan kepakaran, yang boleh menawarkan laluan kerjaya yang lebih positif.

Cabaran Inflasi dan Pengajaran Utama

Satu daripada masalah ekonomi yang menyulitkan kehidupan masyarakat ialah masalah kenaikan harga barangan secara mendadak. Bukan sahaja ramai rakyat yang akan sengsara, bahkan suasana kacau-bilau boleh berlaku apabila rakyat akibat tekanan kos sara hidup yang tinggi dan tidak mampu membeli keperluan asas, seperti makanan dan ubat-ubatan.

Setakat ini, masalah inflasi di Malaysia belum berada pada tahap yang serius. Kadar purata pada tahun 2021 dilaporkan 2.5 peratus dengan kadar tertinggi adalah pada bulan Disember 2021, iaitu sebanyak 3.2 peratus. Angka ini menunjukkan bahawa terdapat kenaikan jika dibandingkan dengan purata bagi tempoh antara tahun 2011 hingga 2021, iaitu sebanyak 1.9 peratus. Di beberapa buah negara lain, masalah inflasi sangat serius seperti di Sudan (194 peratus), Zimbabwe (92 peratus), Iran (39 peratus) dan Turki (17 peratus).

Jika pihak berkuasa tidak berhati-hati, masalah inflasi boleh menjadi tidak terkawal. Punca utama keadaan ini berlaku adalah disebabkan kebolehan sistem perbankan moden mencipta mata wang dengan mudah. Jika jumlah mata wang yang dicipta terlampau banyak, inflasi pasti akan berlaku berbanding dengan keadaan pada zaman dahulu apabila mata wang tidak mudah dicipta kerana materialnya berbentuk emas atau perak.

Satu contoh ekstrem masalah inflasi (juga dipanggil hiperinflasi, iaitu apabila kadar inflasi melebihi 50 peratus sebulan) adalah melibatkan negara Zimbabwe apabila pada tahun 2004 hingga 2008, telah mengalami kadar inflasi sebanyak 79 600 000 000 peratus sehinggakan pada November 2008 sahaja harga barangan meningkat setiap beberapa jam. Punca utamanya ialah bank pusat Zimbabwe telah mencipta wang dengan banyak untuk membantu kerajaan Zimbabwe menyelesaikan masalah hutang kerajaan. Keadaan menjadi lebih teruk apabila sektor pertanian negara tersebut tidak mampu mengeluarkan output yang tinggi kerana kebanyakan ladang diusahakan oleh pihak yang telah merampas ladang daripada pemilik asal berbangsa Eropah. Akhirnya, rakyat Zimbabwe sendiri enggan menggunakan mata wang Zimbabwe dan kesannya kerajaan Zimbabwe terpaksa membenarkan rakyat menggunakan pelbagai mata wang asing yang lebih stabil nilainya, terutamanya Dolar Amerika.

Pengajaran utama daripada kes Zimbabwe yang boleh dilihat adalah sekiranya kerajaan menyelesaikan masalah kewangan dengan mencipta wang yang banyak untuk membiayai perbelanjaannya, maka kadar pertambahan mata wang yang jauh lebih tinggi berbanding dengan kadar pertambahan barangan (terutamanya makanan dan keperluan asas) akan menghasilkan keadaan inflasi yang parah.

Inflasi yang serius juga boleh berlaku apabila bank pusat menurunkan kadar pembiayaan. Keadaan ini membolehkan industri perbankan memberikan pinjaman dengan banyak kepada sektor korporat dan isi rumah. Kenaikan permintaan terhadap barangan dan perkhidmatan mengakibatkan harga barang meningkat dengan cepat. Keadaan ini menjadi lebih teruk jika ramai pihak menjangkakan harga barangan akan meningkat pada masa akan datang dan bertindak segera untuk memperoleh barangan tersebut dalam kuantiti yang banyak melalui cara berhutang kerana tertarik dengan kadar pembiayaan yang rendah. Keadaan inflasi yang teruk disifatkan sebagai zalim pada rakyat kerana akan mengakibatkan kecurian nilai pada harta yang disimpan dalam bentuk mata wang.

Ekonomi negara turut terjejas kerana keadaan inflasi kebiasaannya akan diikuti oleh kejatuhan nilai mata wang negara berbanding dengan mata wang lain. Kemerosotan nilai mata wang yang mendadak akan menakutkan pihak pelabur asing. Mereka juga mungkin akan cenderung untuk mengeluarkan pelaburan mereka dari dalam negara. Tindakan ini akan membuatkan kejatuhan nilai mata wang menjadi semakin serius.

Kejatuhan nilai mata wang turut memberikan kesan yang teruk kepada sektor yang banyak mengimport barangan dari luar negara kerana harga semua barangan import akan naik melambung. Keadaan ini boleh mengakibatkan ekonomi merudum dan banyak syarikat terpaksa membuang pekerja untuk mengurangkan kos operasi.

Keadaan ekonomi yang merudum bermakna pendapatan cukai kerajaan juga akan jatuh. Untuk terus membiayai perbelanjaan, kerajaan mungkin akan terus meminjam daripada sektor kewangan atau meminta bank pusat mencipta mata wang untuk membantunya. Pertambahan jumlah mata wang ini malangnya akan membuat keadaan inflasi menjadi bertambah teruk. Kitaran ini, jika berterusan sudah tentu akan meranapkan ekonomi di sesebuah negara.

Kesan kejatuhan nilai mata wang hanya akan menguntungkan sektor yang banyak mengeksport output kerana harga eksport mereka di pasaran antarabangsa akan menjadi murah berbanding dengan harga yang ditawarkan oleh pesaing mereka. Jika mereka menerima bayaran dalam bentuk mata wang asing (seperti Dolar Amerika) yang semakin meningkat nilainya berbanding dengan mata wang negara mereka sendiri, hal ini bermakna nilai pendapatan daripada eksport akan terus meningkat, terutamanya jika nilai mata wang negara sendiri terus merosot.

Kebanyakan pihak mungkin akan mendesak kerajaan untuk mengawal harga bagi mengatasi masalah inflasi. Sebenarnya tindakan tersebut berisiko tinggi dan berpotensi memburukkan lagi keadaan. Contoh yang perlu diteladani, negara Venezuela telah mengalami hiperinflasi pada kadar 65 000 peratus setahun pada tahun 2018. Antara punca utama masalah Venezuela ialah apabila kerajaan ingin mengekalkan populariti dengan melaksanakan kaedah kawalan harga untuk makanan dan ubat-ubatan. Namun demikian, harga yang ditetapkan terlampau rendah sehingga memaksa banyak syarikat, terutamanya dalam bidang pertanian kerugian dan terpaksa menghentikan operasi mereka. Keadaan ini sekali gus mengurangkan jumlah makanan dalam negara.

Pada awalnya, kerajaan Venezuela mengatasi masalah tersebut dengan menggunakan dana daripada hasil minyaknya untuk mengimport makanan dan ubat-ubatan. Malangnya pada tahun 2014, harga minyak di pasaran antarabangsa telah jatuh menjunam dan menjejaskan pendapatan kerajaan dengan teruk. Untuk mengatasi masalah kehabisan wang tunai, bank pusat Venezuela mula mencetak mata wang dengan banyak. Akibatnya berlakulah masalah hiperinflasi di negara tersebut. Pada tahun 2021, kadar inflasi tahunan Venezela ialah sebanyak 2700 peratus. Kini nilai mata wangnya sangat rendah di pasaran antarabangsa. Ekonominya juga ranap dengan masalah pengangguran yang teruk.

Antara pengajaran utama yang boleh diambil ialah kita perlu sedar bahawa masalah inflasi sangat sukar untuk dielakkan dalam sistem kewangan yang berpaksikan industri hutang apabila mata wang dicipta dengan mudah oleh bank pusat. Jika pihak bank pusat tidak berjaya mengawal tekanan untuk terus mencipta mata wang dengan banyak untuk membiayai perbelanjaan kerajaan, atau menurunkan kadar pembiayaan untuk menggalakkan industri perbankan memberi pinjaman dengan banyak untuk merangsang ekonomi, masalah inflasi negara akan menjadi lebih teruk pada masa hadapan.

Jika rakyat tidak memahami punca masalah dan terus menekan kerajaan untuk berbelanja bagi membantu rakyat, sementara kerajaan pula memaksa bank pusat mencipta wang dengan banyak untuk membantu menampung perbelanjaannya, maka masalah inflasi akan menjadi bertambah parah. Dalam suasana sedemikian, hanya golongan elit kewangan dan elit politik yang kaya mampu bertahan daripada masalah harga barangan dan perkhidmatan yang meningkat. Rakyat marhaen, terutamanya daripada kalangan yang berpendapatan rendah akan menanggung beban kos sara hidup yang semakin tinggi.

PERKATAAN BAHARU

mendadak 忽然，突然

sengsara 艰难，困苦

kacau-bilau 非常混乱的

merusuh 骚乱，变得忧虑（困苦等）

merampas 抢夺，攫取

menjangkakan 预料，预期

melambung 高涨，飞涨

merudum （股价、经济等）惨重下滑

meranapkan 使摧毁

mendesak 敦促，催促

meneladani 给……作榜样，模仿，效仿

menjunam 迅速下降

pengangguran 失业

marhaen 普罗大众，平民百姓

kenaikan harga barangan 物价上涨

sara hidup 生计，生活费

LATIHAN

I **Menterjemahkan ayat-ayat di bawah kepada bahasa Mandarin.**

1. Bukan sahaja ramai rakyat yang akan sengsara, bahkan suasana kacau-bilau boleh berlaku apabila rakyat akibat tekanan kos sara hidup yang tinggi dan tidak mampu membeli keperluan asas, seperti makanan dan ubat-ubatan.

2. Punca utama keadaan ini berlaku adalah disebabkan kebolehan sistem perbankan moden mencipta mata wang dengan mudah. Jika jumlah mata wang yang dicipta

terlampau banyak, inflasi pasti akan berlaku berbanding dengan keadaan pada zaman dahulu apabila mata wang tidak mudah dicipta kerana materialnya berbentuk emas atau perak.

3. Pengajaran utama daripada kes Zimbabwe yang boleh dilihat adalah sekiranya kerajaan menyelesaikan masalah kewangan dengan mencipta wang yang banyak untuk membiayai perbelanjaannya, maka kadar pertambahan mata wang yang jauh lebih tinggi berbanding dengan kadar pertambahan barangan (terutamanya makanan dan keperluan asas) akan menghasilkan keadaan inflasi yang parah.

4. Keadaan ini menjadi lebih teruk jika ramai pihak menjangkakan harga barangan akan meningkat pada masa akan datang dan bertindak segera untuk memperoleh barangan tersebut dalam kuantiti yang banyak melalui cara berhutang kerana tertarik dengan kadar pembiayaan yang rendah. Keadaan inflasi yang teruk disifatkan sebagai zalim pada rakyat kerana akan mengakibatkan kecurian nilai pada harta yang disimpan dalam bentuk mata wang.

5. Jika mereka menerima bayaran dalam bentuk mata wang asing (seperti Dolar Amerika) yang semakin meningkat nilainya berbanding dengan mata wang negara mereka sendiri, hal ini bermakna nilai pendapatan daripada eksport akan terus meningkat, terutamanya jika nilai mata wang negara sendiri terus merosot.

6. Antara pengajaran utama yang boleh diambil ialah kita perlu sedar bahawa masalah inflasi sangat sukar untuk dielakkan dalam sistem kewangan yang berpaksikan industri hutang apabila mata wang dicipta dengan mudah oleh bank pusat. Jika pihak bank pusat tidak berjaya mengawal tekanan untuk terus mencipta mata wang dengan banyak untuk membiayai perbelanjaan kerajaan, atau menurunkan kadar pembiayaan untuk menggalakkan industri perbankan memberi pinjaman dengan banyak untuk merangsang ekonomi, masalah inflasi negara akan menjadi lebih teruk pada masa hadapan.

II **Sila lakar rangka karangan yang panjangnya tidak melebihi 75 patah perkataan.**

Teks A

Ekonomi Digital Pacu Ekonomi Masa Hadapan

Definisi ekonomi digital adalah berbeza pada peringkat global. Sejak akhir tahun 1990-an, pelbagai entiti termasuk institusi akademik dan organisasi antarabangsa telah memperkenalkan konsep ekonomi digital. Meskipun tiada definisi yang universal, teknologi digital kekal sebagai ciri asas bagi mendefinisikan ekonomi digital. Malaysia mendefinisikan ekonomi digital sebagai aktiviti ekonomi dan sosial yang melibatkan pengeluaran dan penggunaan teknologi digital oleh individu, perniagaan dan kerajaan.

Ekonomi digital adalah hasil daripada Revolusi Perindustrian Keempat (4IR) dan hasil daripada penerimagunaan teknologi digital yang meluas. 4IR adalah revolusi teknologi merentas aktiviti sosioekonomi yang bercirikan gabungan teknologi digital, inovasi dan ilmu. 4IR melibatkan penggabungan pelbagai teknologi yang semakin menyatukan domain fizikal, digital dan biologi, seperti Internet benda, kecerdasan buatan, pengkomputeran awan, kenderaan berautonomi, robotik termaju, bahan termaju, percetakan 3D, data raya, realiti maya, realiti terimbuh, percetakan bio dan sebagainya. 4IR turut membawa perubahan yang ketara dalam ekonomi, sama seperti revolusi perindustrian sebelum ini. Perubahan yang berlaku pada masa ini adalah sangat pantas yang tidak pernah terjadi dalam sejarah. Ia juga memberi kesan kepada hampir semua industri di dunia dan mentransformasi kaedah pengeluaran, pengurusan dan pentadbiran.

Impak ekonomi digital adalah luas dan transformatif. Ia berupaya mempengaruhi masyarakat, perniagaan dan kerajaan. Ekonomi digital mewujudkan peluang pekerjaan baharu seperti pakar rangkaian, pembangun aplikasi mudah alih, saintis data dan pakar komuniti dalam rangkaian sosial.

Teknologi digital mewujudkan model perniagaan baharu yang mengganggu amalan tradisional—produk dan perkhidmatan fizikal bertukar kepada digital seperti buku dan DVD di stor telah digantikan dengan e-buku dan penstriman video dalam talian; pengkomputeran awan membolehkan perniagaan memperoleh perkhidmatan tanpa perlu memiliki dan menyenggara aset berkaitan. Model perniagaan baharu juga menyediakan peluang kepada rakyat untuk turut serta sebagai pekerja gig. Tambahan pula, teknologi digital membolehkan kerajaan meningkatkan skop dan kualiti perkhidmatan awam. Portal e-Kerajaan meningkatkan kecekapan penyampaian perkhidmatan seperti permohonan lesen, pemfailan cukai dan proses perolehan.

Apabila membincangkan teknologi digital, sudah tentu tidak boleh lari dengan penggunaan internet yang kini sudah menjadi gaya hidup penduduk dunia. Ledakan teknologi internet sejak pertengahan tahun 1990-an telah mengubah tingkah laku manusia termasuklah dalam urusan jual beli. Urusan jual beli melalui internet amat mudah dan menjimatkan masa. Selain tidak memerlukan kos sewa premis perniagaan secara fizikal, sesiapa sahaja boleh berurusan dalam jual beli tanpa perlu pergi membeli produk yang dikehendaki ke premis perniagaan tersebut. Perniagaan dalam talian bukan sahaja menyediakan saluran bagi memperluas jangkauan pasaran domestik dan antarabangsa, juga membekalkan peluang yang lebih besar untuk produk tempatan dipasarkan dan dijual secara e-dagang.

Oleh kerana teknologi digital semakin berkembang, ekonomi digital akan menjadi asas kepada ekonomi moden. Usaha untuk mempercepat ekonomi digital bukan lagi suatu pilihan tetapi menjadi kemestian kepada Malaysia. Pada hakikatnya, pandangan ekonomi digital Malaysia bukan saja dimulakan sejak tahun kebelakangan ini. Malaysia telah mengorak langkah ke arah pendigitalan sejak tahun 1996 dengan pelancaran Koridor Raya Multimedia (MSC). MSC telah memperkenalkan zon perniagaan berteknologi tinggi dan zon ekonomi untuk membangunkan masyarakat berasaskan pengetahuan serta memanfaatkan teknologi maklumat dan komunikasi (ICT). Bermula dari itu, kerajaan telah melaksanakan pelbagai dasar dan langkah untuk memacu transformasi teknologi dan digital di Malaysia.

Pada tahun 1996, Perbadanan Ekonomi Digital Malaysia (MDEC) telah ditubuhkan untuk menasihati kerajaan mengenai pembangunan ICT dan multimedia serta membantu

pelancaran MSC di seluruh negara pada awal 2000-an. Inisiatif Jalur Lebar Kebangsaan telah diperkenal pada tahun 2010 sebagai teras untuk ketersambungan bagi mempercepat penggunaan internet di Malaysia. Dasar Sains, Teknologi dan Inovasi Negara dilancarkan pada tahun 2013, bertujuan mempercepat usaha untuk mengarus perdana sains, teknologi dan inovasi. Inisiatif lain termasuk Pelan Hala Tuju Strategik e-Dagang Kebangsaan yang dilancarkan pada tahun 2014 dan Pelan Tindakan Produktiviti Malaysia pada tahun 2017 untuk memperkukuh pendigitalan dalam kalangan perusahaan mikro, kecil dan sederhana (PMKS) melalui e-dagang dan penerimagunaan teknologi inovatif. Pada tahun 2017, Zon Perdagangan Bebas Digital telah dilancar untuk memudahkan e-dagang rentas sempadan dan memperluas akses PMKS kepada pasaran global.

Usaha pendigitalan yang telah dilaksana menjadi asas kepada pembangunan masa hadapan negara. Ekonomi digital merupakan antara Aktiviti Pertumbuhan Ekonomi Utama dalam Wawasan Kemakmuran Bersama 2030 (WKB 2030) dan hasrat Malaysia untuk terkedepan dalam memacu ekonomi digital. Lantaran daripada itu, Malaysia memperkenalkan MyDIGITAL sebagai satu inisiatif negara yang melambangkan aspirasi kerajaan untuk mentransformasi Malaysia menjadi negara berpendapatan tinggi yang berpacukan teknologi dan pendigitalan, serta sebagai peneraju serantau dalam ekonomi digital. Bagi mencapai aspirasi MyDIGITAL, Rangka Tindakan Ekonomi Digital Malaysia dirangka untuk menyediakan hala tuju, menggariskan strategi dan inisiatif serta menetapkan sasaran bagi membina asas dalam memacu pertumbuhan ekonomi digital serta merapatkan jurang digital.

Rangka ini mengandungi tiga objektif dasar, iaitu menggalakkan pemain industri menjadi pencipta dan pengguna model perniagaan yang inovatif, memanfaatkan modal insan yang berupaya untuk berdaya saing dan memupuk ekosistem bersepadu yang akan membolehkan masyarakat mengambil bahagian dalam ekonomi digital. Enam teras strategik telah dikenal pasti, iaitu memacu transformasi digital di sektor awam, meningkatkan daya saing ekonomi melalui pendigitalan, membina infrastruktur digital yang menyokong, membangunkan bakat digital yang tangkas dan kompeten, mewujudkan masyarakat digital yang inklusif, dan membina persekitaran digital yang dipercayai, selamat dan beretika.

Walau bagaimanapun, ekonomi digital menawarkan peluang yang sangat besar yang belum dimanfaatkan lagi oleh Malaysia disebabkan pelbagai cabaran. Cabaran ini perlu diatasi bagi mengoptimumkan peluang yang ada. Isu dan cabaran yang memerlukan perubahan dibahagikan kepada enam perkara, seperti berikutnya:

1. Keperluan pemikiran digital-pertama dan peningkatan penerimagunaan teknologi digital dalam sektor awam;

2. Keperluan membina ekosistem yang menyokong usaha pendigitalan perusahaan tempatan;

3. Keperluan penyediaan infrastruktur jalur lebar dan teknologi digital yang berkualiti;

4. Keperluan dalam membangunkan tenaga kerja tersedia masa hadapan;

5. Jurang digital antara kumpulan pendapatan, umur dan jantina perlu dikurangkan;

6. Keperluan meningkatkan kepercayaan dan amalan beretika dalam penggunaan data dan teknologi serta kesedaran keselamatan siber.

Maka, dalam hal ini, kerjasama semua pihak merupakan asas yang mendorong satu ledakan ekonomi masa hadapan yang memberikan situasi menang-menang buat semua pihak. Inisiatif ini yang selaras dengan matlamat Transformasi Nasional 2050 (TN50) sebenarnya mampu melonjak masa hadapan yang cukup baik bagi generasi muda masa kini menjelang tahun 2050. Jadi, persediaan rapi oleh semua pihak amat diperlukan agar ekonomi Malaysia tetap kekal mapan dalam suasana ekonomi dunia yang berteraskan teknologi digital.

PENERANGAN

1 **Wawasan Kemakmuran Bersama 2030 (WKB 2030) 2030共享繁荣宏愿**

Dilancarkan pada Oktober 2019, WKB 2030 adalah komitmen kerajaan untuk menjadikan Malaysia sebuah negara yang terus membangun secara mampan, seiring dengan pengagihan ekonomi yang adil, saksama dan inklusif pada semua peringkat pendapatan, etnik, wilayah dan rantaian bekalan.

2 **Transformasi Nasional 2050 (TN50) 马来西亚2050年国家转型计划**

Transformasi Nasional 2050 (atau TN50) yang dilancarkan pada 2017 merupakan kesinambungan Wawasan 2020 bagi memacu pembangunan negara yang merangkumi tahun 2020 hingga 2050. Fokus utama inisiatif ini adalah untuk menjadi salah satu negara teratas dalam pembangunan ekonomi, sosial dan inovasi menjelang 2050.

3 **Zon Perdagangan Bebas Digital 数字自由贸易区**

Zon Perdagangan Bebas Digital (DFTZ) yang ditubuhkan oleh kerajaan Malaysia akan menggabungkan zon fizikal dan maya dengan menambahkan perkhidmatan dalam talian dan digital untuk memudahkan e-dagang antarabangsa dan merangsang inovasi berasaskan Internet.

4 **Perbadanan Ekonomi Digital Malaysia (MDEC) 马来西亚数字经济公司**

Perbadanan Ekonomi Digital Malaysia ialah sebuah agensi di bawah Kementerian Komunikasi dan Digital Malaysia. Misinya ialah untuk membangunkan ekonomi digital negara dan tertumpu kepada memacu pelaburan, membina juara teknologi tempatan, memangkin ekosistem inovasi digital dan menyebarkan keterangkuman digital.

PERKATAAN BAHARU

jangkauan 范围

mengorak 解开，松开

ledakan 爆炸，爆发

tangkas 快速，灵敏，蓬勃

Internet benda 物联网

kecerdasan buatan 人工智能

pengkomputeran awan 云计算

kenderaan berautonomi 自动驾驶汽车

percetakan 3D 3D 打印

data raya 大数据

realiti maya 虚拟现实

realiti terimbuh 增强现实

percetakan bio 生物打印

mengorak langkah 迈步

aplikasi mudah alih 移动应用程序

Zon Perdagangan Bebas Digital 数字自由贸易区

daya saing ekonomi 经济竞争力

infrastruktur jalur lebar 宽带基础设施

mengurangkan jurang digital 缩小数字鸿沟

ledakan teknologi 科技爆炸

menang-menang 双赢

LATIHAN

I **Sila beri definisi yang tepat bagi istilah-istilah di bawah.**

ekonomi digital

MyDIGITAL

Rangka Tindakan Ekonomi Digital Malaysia

Revolusi Perindustrian Keempat

Koridor Raya Multimedia

II **Menjawab soalan pemahaman di bawah.**

1. Apa impak Revolusi Perindustrian Keempat bagi kehidupan manusia?

2. Apa impak ekonomi digital terhadap masyarakat manusia?

3. Apa pengaruh ledakan teknologi Internet terhadap perubahan gaya hidup penduduk dunia?

4. Apa dasar dan langkah dilaksanakan untuk memacu transformasi teknologi dan digital di Malaysia?

5. Bagaimana Malaysia merealisasikan inisiatif MyDIGITAL? Apa cabaran yang perlu diatasi bagi memacu pertumbuhan ekonomi digital?

III **Menterjemahkan ayat-ayat di bawah kepada bahasa Mandarin.**

1. Teknologi digital mewujudkan model perniagaan baharu yang mengganggu amalan tradisional—produk dan perkhidmatan fizikal bertukar kepada digital seperti buku dan DVD di stor telah digantikan dengan e-buku dan penstriman video dalam talian; pengkomputeran awan membolehkan perniagaan memperoleh perkhidmatan tanpa perlu memiliki dan menyenggara aset berkaitan.

2. Selain tidak memerlukan kos sewa premis perniagaan secara fizikal, sesiapa sahaja boleh berurusan dalam jual beli tanpa perlu pergi membeli produk yang dikehendaki ke premis perniagaan tersebut. Perniagaan dalam talian bukan sahaja menyediakan saluran bagi memperluas jangkauan pasaran domestik dan antarabangsa, juga membekalkan peluang yang lebih besar untuk produk tempatan dipasarkan dan dijual secara e-dagang.

3. Lantaran daripada itu, Malaysia memperkenalkan MyDIGITAL sebagai satu inisiatif

negara yang melambangkan aspirasi kerajaan untuk mentransformasi Malaysia menjadi negara berpendapatan tinggi yang berpacukan teknologi dan pendigitalan, serta sebagai peneraju serantau dalam ekonomi digital.

4. Rangka ini mengandungi tiga objektif dasar, iaitu menggalakkan pemain industri menjadi pencipta dan pengguna model perniagaan yang inovatif, memanfaatkan modal insan yang berupaya untuk berdaya saing dan memupuk ekosistem bersepadu yang akan membolehkan masyarakat mengambil bahagian dalam ekonomi digital.

5. Maka, dalam hal ini, kerjasama semua pihak merupakan asas yang mendorong satu ledakan ekonomi masa hadapan yang memberikan situasi menang-menang buat semua pihak. Inisiatif ini yang selaras dengan matlamat Transformasi Nasional 2050 (TN50) sebenarnya mampu melonjak masa hadapan yang cukup baik bagi generasi muda masa kini menjelang tahun 2050.

Teks B

Selamatkah E-dompet?

Urusan jual beli manusia bermula dengan sistem barter, iaitu pertukaran barangan dengan barangan yang lain antara dua pihak. Disebabkan ketidakpuasan manusia terhadap sistem barter, maka satu sistem pertukaran yang menggunakan sesuatu benda sebagai perantaraan dicipta. Keupayaan wang membebaskan manusia daripada kerumitan sistem barter yang membawa kepada penggunaan wang sebaik-baik sahaja wujud barang yang boleh diterima umum.

Sejak ratusan ribu tahun yang lalu, banyak barangan digunakan sebagai wang, daripada logam berharga dan cangkerang, rokok dan seterusnya wang yang dicipta oleh manusia seperti wang kertas. Revolusi wang bermula dengan wang komoditi. Pada mulanya mereka memilih alatan seperti barangan perhiasan untuk dijadikan sebagai alat pertukaran. Antara barangan yang digunakan termasuklah biji manik yang diperbuat daripada kaca, tanah liat atau batu. Selain itu, kulit binatang, pedang, cerek, tombak dan tempayan (yang merupakan simbol atau status kekayaan pada zaman tersebut)，juga turut digunakan.

Kemudian, wang logam dicipta untuk menggantikan wang komoditi yang kurang sesuai peranannya sebagai wang. Selain emas, antara logam ialah besi, timah, perak dan tembaga. Antara logam-logam ini, emas dan perak merupakan logam yang paling popular dan digunakan secara meluas di seluruh dunia. Begitu pun, kelemahan wang logam yang berat membawa kepada pengenalan wang kertas. Wang kertas pada mulanya berbentuk resit yang digunakan sebagai bukti simpanan emas dan perak yang diperoleh daripada tukang emas. Resit tersebut secara tidak langsung membuktikan pertukaran antara resit dengan emas serta perak dibenarkan. Sementara itu, sistem kewangan yang digunakan kira-kira pada tahun 1880 sehingga tercetusnya Perang Dunia Pertama mula dikenali sebagai piawai emas. Ciri utamanya termasuklah sistem kadar pertukaran tetap yang nilainya berdasarkan kepada nilai emas semasa.

Ketika meletusnya Perang Dunia Pertama, keperluan kewangan menjadi amat besar dan hanya dapat dipenuhi dengan pengeluaran lebih banyak wang. Bagi mengelakkan kesan yang tidak diingini kepada pasaran domestik, kebanyakan negara membatalkan peraturan piawai emas. Pada tahun 1933 hanya lima buah negara yang dikenali sebagai Gold Bloc (Perancis, Belgium, Belanda, Itali dan Switzerland) yang masih mengamalkan piawai emas. Namun begitu, pada tahun 1936 sistem ini berakhir apabila berlaku penurunan nilai mata wang Perancis dan Switzerland. Kemudian, kemunculan kad kredit membolehkan orang ramai membeli secara kredit tanpa perlu membawa wang yang banyak.

Pada tahun 1998, dunia terus menyaksikan revolusi urus niaga dalam perniagaan dan jual beli. Selepas kad kredit diterima oleh pengguna di seluruh dunia dan banyak syarikat kewangan meraih keuntungan yang berlipat kali ganda daripada perkhidmatan yang disediakan, pada hari ini kita diperkenalkan pula dengan sistem kewangan baharu yang dikenali sebagai dompet digital atau lebih dikenali sebagai e-dompet.

E-dompet berfungsi sebagai dompet fizikal, iaitu membolehkan seseorang menyimpan wang, kad debit dan kad kredit dalam satu aplikasi yang bermaksud kini tiada lagi keperluan membawa wang tunai atau kad debit mahupun kad kredit, sebaliknya transaksi pembayaran hanya melalui telefon pintar. Di Malaysia, pada Julai 2019, terdapat lapan peratus rakyat di negara ini mula menggunakan perkhidmatan e-dompet yang disediakan seperti Touch'n Go e-Wallet, GrabPay, CIMB Pay, Boost, BigPay, Aeon Wallet, Fave Pay, Samsung Pay, Alipay dan Razerpay.

Menurut penyelidikan Nielsen Malaysia pada 2020, e-dompet mempunyai banyak potensi untuk dilaksanakan di negara ini secara meluas kerana pengguna lebih selesa untuk menggunakannya dan mula beralih ke arah kaedah pembayaran yang ternyata lebih mudah. Sekiranya dilihat secara menyeluruh, Malaysia mempunyai kadar penembusan yang tinggi untuk pembayaran tanpa tunai, iaitu sebanyak 67 peratus. Hal ini merujuk peratusan tanpa tunai rakyat Malaysia yang merangkumi kad debit (63 peratus), perbankan dalam talian (57 peratus), kad kredit (27 peratus) dan e-dompet (8 peratus).

Sementara itu, kajian Nielsen Malaysia juga menunjukkan bahawa terdapat rakyat Malaysia yang masih memilih untuk membayar secara tunai bagi kebanyakan perbelanjaan harian seperti pembelian barang runcit atau ketika makan di restoran. Berdasarkan maklumat yang diperoleh juga menunjukkan bahawa terdapat rakyat di negara ini masih risau untuk menggunakan e-dompet disebabkan isu keselamatan. Hal ini dikatakan demikian kerana e-dompet memerlukan pembayaran dan maklumat perbankan. Maka, sebanyak 38 peratus rakyat Malaysia dibelenggu kebimbangan akan kemungkinan kehilangan transaksi ketika menggunakan perkhidmatan pembayaran digital. Sebanyak 30 peratus pula didapati ragu-ragu apabila menggunakan e-dompet kerana risau telefon pintar mereka mungkin dicuri dan pihak yang tidak bertanggungjawab membuat pembayaran yang merugikan pemilik sah e-dompet. Terdapat juga 12 peratus daripada hasil kajian tersebut mendapati rakyat di negara ini tidak tahu mengenai e-dompet.

Bagi menggalakkan pengguna serta peniaga tempatan, terutamanya dalam perniagaan kecil dan runcit supaya mengguna pakai e-dompet serta kaedah pembayaran digital, Program e-Tunai Rakyat dilaksanakan oleh kerajaan persekutuan. Hal ini sejajar dengan agenda Wawasan Kemakmuran Bersama 2030 (WKB2030), iaitu kerajaan pada ketika itu yang bertujuan mengurangkan halangan untuk mengakses teknologi digital dan menjadikan proses pendigitalan inklusif kepada semua.

Keselamatan bayaran secara digital merupakan kerisauan bagi ramai orang, tetapi data di dalam e-dompet adalah disulitkan dan ada yang memberi jaminan pulangan wang bagi memastikan keselamatan ketika menggunakan perkhidmatan mereka. Touch'n Go eWallet hadir dengan satu penyelesaian terbaik apabila memperkenalkan Polisi Jaminan Pulangan Wang, iaitu polisi perlindungan dan keselamatan yang pertama seumpamanya untuk pembayaran mudah alih di Malaysia.

Langkah memperkenalkan polisi tersebut merupakan sebahagian usaha untuk menjaga hak pengguna serta memastikan akaun mereka kekal selamat dengan menyediakan ciri-ciri keselamatan dan kemudahan hanya melalui satu aplikasi. Menerusi polisi tersebut, pengguna e-dompet boleh melaporkan sebarang transaksi tidak sah dan menuntut pulangan dengan mendaftar masuk ke dalam aplikasi e-dompet.

Pada hari ini, menerusi e-dompet, pengguna boleh membuat pembayaran dengan senang dan selamat untuk pelbagai jenis perkhidmatan termasuk utiliti, hiburan, makanan dan minuman. Kelebihan penggunaan e-dompet berbanding tradisional adalah lebih laju, lebih selesa, lebih mudah, selamat, terkawal dan jaminan perlindungan data. Hanya dengan memiliki sebuah akaun bank, pengguna dapat mengoperasi e-dompet dalam tempoh yang singkat manakala nilai-nilai wang dan transaksi kewangan dijalankan dalam talian. Pengguna dapat melihat kembali semua transaksi dan mengawal dan menentukan tabiat pembelian supaya dapat mengurus kewangan dengan lebih berhemat dengan setiap transaksi akan direkodkan.

Sedar atau tidak, revolusi wang sejak dahulu hingga kini adalah bertujuan untuk menyenangkan dan melindungi pengguna daripada tertipu dan hal itu juga yang berlaku pada hari ini. Untuk itu, e-dompet turut dikawal selia oleh Bank Negara Malaysia (BNM) dengan tahap pematuhan, tadbir urus korporat dan standard keselamatan tertinggi bagi memastikan transaksi yang berhemah serta selamat untuk penggunanya.

 **PENERANGAN**

1 **Nielsen Malaysia** 马来西亚尼尔森调查公司

Nielsen adalah suatu perusahaan yang bergerak di bidang informasi global serta media dan berfokus pada suatu penelitian dan melakukan suatu riset dalam memberikan suatu informasi tentang pemasaran dan konsumen, televisyen, serta melakukan riset terhadap media yang lainnya, seperti riset terhadap bisnis publikasi dan riset terhadap dunia online. Perusahaan ini didirikan di Amerika Syarikat pada tahun 1923.

2 **Program e-Tunai Rakyat 人民电子现金倡议**

Program e-Tunai Rakyat ini adalah sebahagian daripada langkah-langkah Belanjawan 2020 yang bertujuan untuk mengurangkan halangan ke arah digitalisasi dan meningkatkan keterangkuman kewangan. Setiap rakyat Malaysia berumur 18 dan ke atas berpendapatan kurang daripada RM100 000 setahun layak menerima RM30 melalui salah satu daripada tiga pengendali e-dompet yang terpilih, iaitu Grab, Boost dan Touch'n Go E-Wallet.

PERKATAAN BAHARU

barter 物物交换	membelenggu 束缚，上手铐
cangkerang 贝壳	berhemat 节俭的，慎重的
manik 珠串，珠子	logam berharga 贵金属
liat 粘土，瓷土	peraturan piawai emas 金本位制
cerek 水壶，茶壶	kadar pertukaran 汇率
tempayan 大肚陶瓷	berlipat kali ganda 加倍，成倍
meletus 爆炸，爆发	kadar penembusan 渗透率
menyaksikan 目睹，见证，观礼	ragu-ragu 犹豫，猜疑
penembusan 突破，渗透，贯通	kawal selia 监管

LATIHAN

I **Menterjemahkan ayat-ayat di bawah kepada bahasa Mandarin.**

1. Wang kertas pada mulanya berbentuk resit yang digunakan sebagai bukti simpanan emas dan perak yang diperoleh daripada tukang emas. Resit tersebut secara tidak langsung membuktikan pertukaran antara resit dengan emas serta perak dibenarkan.

2. Ketika meletusnya Perang Dunia Pertama, keperluan kewangan menjadi amat besar dan hanya dapat dipenuhi dengan pengeluaran lebih banyak wang. Bagi mengelakkan kesan yang tidak diingini kepada pasaran domestik, kebanyakan negara membatalkan

peraturan piawai emas.

3. Selepas kad kredit diterima oleh pengguna di seluruh dunia dan banyak syarikat kewangan meraih keuntungan yang berlipat kali ganda daripada perkhidmatan yang disediakan, pada hari ini kita diperkenalkan pula dengan sistem kewangan baharu yang dikenali sebagai dompet digital atau lebih dikenali sebagai e-dompet.

4. E-dompet berfungsi sebagai dompet fizikal, iaitu membolehkan seseorang menyimpan wang, kad debit dan kad kredit dalam satu aplikasi yang bermaksud kini tiada lagi keperluan membawa wang tunai atau kad debit mahupun kad kredit, sebaliknya transaksi pembayaran hanya melalui telefon pintar.

5. Sebanyak 30 peratus pula didapati ragu-ragu apabila menggunakan e-dompet kerana risau telefon pintar mereka mungkin dicuri dan pihak yang tidak bertanggungjawab membuat pembayaran yang merugikan pemilik sah e-dompet.

6. Langkah memperkenalkan polisi tersebut merupakan sebahagian usaha untuk menjaga hak pengguna serta memastikan akaun mereka kekal selamat dengan menyediakan ciri-ciri keselamatan dan kemudahan hanya melalui satu aplikasi. Menerusi polisi tersebut, pengguna e-dompet boleh melaporkan sebarang transaksi tidak sah dan menuntut pulangan dengan mendaftar masuk ke dalam aplikasi e-dompet.

II **Sila rumuskan karangan yang panjangnya tidak melebihi 100 patah perkataan.**

PELAJARAN 12

Kesejahteraan Warga Tua (I)

Jabatan Perangkaan Malaysia melaporkan negara ini bakal didiami oleh banyak warga emas menjelang tahun 2020. Dianggarkan lebih tujuh peratus (lebih dua juta orang) daripada keseluruhan penduduk di negara ini akan berusia sekurang-kurangnya 65 tahun pada tahun 2020. Peningkatan populasi golongan ini seharusnya diiringi dengan perkhidmatan kesihatan yang bersesuaian dan sumber kewangan atau tabungan yang kukuh. Kemerosotan kesihatan dan kehilangan punca pendapatan hanya akan mendorong golongan ini terjebak ke dalam masalah sosial lain, seperti aktiviti mengemis, gelandangan dan jenayah. Di Jepun, terdapat segelintir golongan tua melakukan jenayah kecil-kecilan supaya ditangkap pihak berkuasa. Mereka rela dipenjarakan kerana tiada hala tuju, sekurang-kurangnya makanan dan pakaian mereka terjaga di balik tirai besi.

Trend populasi penduduk negara ini yang direkodkan sejak tahun 1955 juga menunjukkan median umur rakyat semakin bertambah. Pada tahun 1955, median umur penduduk ketika itu berada pada usia 19 tahun dan meningkat pada tahun 2018 kepada 28.6 tahun dan 28.9 pada tahun 2019. Peningkatan median umur menunjukkan pertambahan populasi warga emas berbanding dengan golongan kanak-kanak, remaja dan golongan dewasa. Penuaan penduduk berlaku apabila peratusan penduduk warga emas berumur

60 tahun dan ke atas yang mencecah 15 peratus daripada jumlah penduduk seperti yang diputuskan *United Nations World Assembly on Ageing* di Vienna pada tahun 1982. Pemakaian definisi warga emas ini turut disepakati dalam kalangan negara ASEAN yang lain. Malaysia diunjurkan akan mencapai status negara tua sepenuhnya pada tahun 2030 apabila penduduk berumur 60 tahun dan ke atas mencapai 15 peratus daripada jumlah penduduk. Peningkatan jangka hayat penduduk ini disumbangkan oleh faktor kemajuan dalam bidang perubatan, peningkatan kualiti pendidikan dan penjagaan kesihatan.

Sementara itu, perubahan demografi memerlukan kerajaan menggubal akta baharu dan dasar berkaitan, di samping melaksanakan pelbagai inisiatif termasuk mengkaji semula dan menambah baik Dasar Warga Emas Negara bagi memastikan golongan ini dapat terus hidup sejahtera, mampu berdikari dan menyumbang kepada kemajuan ekonomi negara. Undang-undang berkaitan dengan tanggungjawab dalam aspek penjagaan ibu bapa sudah dilaksanakan di Bangladesh, China, India dan Singapura sejak 1990-an dan terbukti berkesan untuk melindungi hak warga emas. Di Singapura misalnya, anak wajib menanggung kos kehidupan ibu bapa yang berumur 60 tahun dan ke atas dengan membayar sejumlah wang pada setiap bulan atau secara sekali gus mengikut undang-undang *Parental Maintenance Act 1995*. Sementera itu warga emas di India pula dilindungi oleh *Maintenance and Welfare of Parents and Senior Citizen Act 2007* yang membolehkan golongan ini menuntut kos kehidupan dan kebajikan mereka daripada waris menerusi tribunal khusus.

Pengurusan perkhidmatan kerajaan kepada warga emas juga memerlukan mekanisme yang berbeza daripada kumpulan populasi lain. Kajian Separuh Penggal RMK-11 telah mengenal pasti cabaran dalam menyediakan perkhidmatan kepada warga emas, seperti kekurangan personel dan penjaga terlatih serta permintaan yang tinggi terhadap pakar geriatrik. Lantaran itu, kerajaan memerlukan dana yang besar bagi menguruskan keperluan warga emas yang semakin mengingkat.

Bak kata pepatah "mencegah lebih baik daripada merawat", kerajaan perlu menyediakan lebih banyak peluang dan ruang kepada golongan ini untuk kekal aktif. Menurut portal MyHEALTH Kementerian Kesihatan Malaysia, warga emas yang aktif kurang mengalami masalah kesihatan yang teruk dan biasanya mampu berdikari. Kajian juga mendapati warga emas yang aktif secara sosial dan sering berinteraksi dengan orang lain lambat mengalami kemerosotan kesihatan, berbanding dengan warga emas yang kurang terlibat dengan masyarakat. Memang keupayaan golongan tua semakin terbatas dan mereka mungkin tidak mampu beraksi seperti orang muda. Namun begitu, penyediaan aktiviti alternatif dapat mengelakkan kemerosotan fizikal dan mental mereka.

Masih terdapat ruang kepada golongan ini untuk kekal aktif mengikut kemampuan mereka, misalnya dalam bidang pendidikan, keagamaan, kemasyarakatan, muzik, kraf tangan, kesenian dan kemahiran. Aktif dari aspek sosial dan aspek kerja juga membolehkan mereka membuang stereotaip negatif masyarakat yang sering mengaitkan usia emas dengan era kesuraman dan kesepian. Seterusnya penyertaan semula warga emas dalam pembangunan negara juga dapat dipertingkatkan. Oleh sebab itu, negara bakal dipandang tinggi setara dengan negara maju lain yang telah mengiktiraf sumbangan warga emas. Di Eropah misalnya, terdapat banyak warga emas yang aktif dalam politik dan membentuk perwakilan. Sementara itu, kumpulan yang memperjuangkan hak warga emas turut bergiat aktif di Jepun, Hong Kong, Singapura dan Filipina. Jepun juga merupakan negara model pengurusan gerontologi yang cemerlang dan wajar dicontohi.

Menurut Profesor Robert L. Clark dari North Carolina State University, terdapat kajian yang menunjukkan usia tua tidak mempengaruhi prestasi dan keupayaan bekerja. Perbezaan individu dalam prestasi kerja mungkin meningkat seiring dengan usia, namun individu yang berkemahiran tidak mengalami susut nilai selagi mereka terus bekerja. Oleh itu, diharapkan kerajaan dapat memperkenalkan dasar baharu yang menyediakan insentif bagi warga tua untuk kckal dalam pasaran kerja serta membolehkan syarikat dan pelbagai organisasi menggunakan kepakaran dan perkhidmatan mereka. Di Jepun misalnya, dasar warga emas yang baharu telah diperkenalkan bagi menaikkan umur pilihan penerimaan pencen awam hingga 71 tahun. Hal ini bertujuan untuk menggalakkan golongan ini terus aktif dan produktif. Singapura pula baru-baru ini bersetuju menaikkan umur persaraan secara berperingkat, iaitu 63 tahun pada tahun 2022 dan 65 tahun menjelang tahun 2030.

Kesejahteraan Warga Tua (II)

Dalam pada itu, kemampuan warga emas dalam pelbagai bidang termasuk dalam hal ehwal pentadbiran negara tidak boleh dipertikaikan. Model kepimpinan warga emas dalam politik dan pentadbiran dipotretkan oleh Perdana Menteri ketujuh, Tun Dr. Mahathir Mohamad yang mencecah usia 94 tahun pada 10 Julai 2020. Beliau juga mencatatkan sejarah sebagai pemimpin negara paling tua di dunia. Dalam temu bual eksklusif bersama-sama BERNAMA Radio, beliau turut berkongsi rahsia kesihatan dan keupayaan memimpin negara, iaitu sentiasa memastikan diri kekal aktif dari segi fizikal dan mental. Sebagai pemimpin negara yang juga mengetuai sebuah pakatan politik, beliau tidak berhenti berfikir mengenai pelbagai isu dan berusaha mencari penyelesaian bagi berbagai-bagai masalah negara.

Penuaan aktif yang dibuktikan sendiri oleh pemimpin nombor satu negara itu pastinya dapat menarik lebih ramai figura warga emas yang berkeupayaan dalam pelbagai sektor dan masih aktif dalam bidang masing-masing. Sebahagian anggota Kabinet juga terdiri daripada menteri yang berusia lebih 60 tahun. Malahan beberapa entiti berpengaruh turut dipelopori oleh warga emas seperti Majlis Penasihat Kerajaan, Persatuan Patriot Kebangsaan yang mewakili bekas anggota tentera dan kumpulan G25 yang dipelopori oleh warga emas oleh bekas pegawai tinggi kerajaan. Kehadiran entiti tersebut merupakan dimensi baharu terhadap keupayaan dan pengaruh warga emas di negara ini. Penglibatan lebih banyak warga emas dalam bidang pentadbiran dan sektor ekonomi dapat mengoptimumkan sumbangan mereka kepada masyarakat, di samping dapat meningkatkan kesejahteraan hidup golongan ini.

Sementara itu, kos pengurusan warga emas pula semakin meningkat saban tahun. Menurut Pengarah Institut Penyelidikan Penuaan Malaysia *(MyAgeing)*, Universiti Putra Malaysia (UPM), Profesor Datuk Dr. Tengku Aizan Hamid, penjagaan warga emas oleh pihak swasta atau bayaran mengupah penjaga boleh menelan belanja hingga RM4000 sebulan. Perbelanjaan yang lebih tinggi diperlukan bagi pengurusan warga emas yang terlantar atau mengalami penyakit kronik, demensia atau nyanyuk.

Oleh itu, peningkatan bilangan warga emas akan menambahkan tekanan kepada kerajaan untuk menyediakan pelbagai bantuan termasuklah bantuan penjagaan kesihatan. Kerajaan juga bertanggungjawab menangani sebarang ketidaksamarataan sosioekonomi dalam masyarakat dan mewujudkan ekonomi bercirikan inklusif serta tidak meminggirkan mana-mana kelompok termasuk golongan tua. Pada masa ini, kos jutaan ringgit perlu ditanggung oleh kerajaan pada setiap tahun bagi menyediakan bantuan kewangan kepada warga emas, pengurusan institusi untuk warga emas dan dana kepada Pertubuhan Sukarela Kebajikan yang menyediakan perkhidmatan termasuk pusat jagaan warga emas.

Oleh hal yang demikian, konsep penuaan aktif merupakan alternatif bagi mengurangkan beban kerajaan dan individu dalam pengurusan penuaan. Menerusi konsep

penuaan aktif, warga emas boleh mencari aktiviti baharu bagi menggantikan kegiatan zaman muda mereka mengikut kesesuaian fizikal dan kesihatan. Hal ini juga menyokong keseimbangan hidup warga emas, terutamanya dalam aspek sosial yang merangkumi kuantiti, kualiti dan skop jaringan sosial, peranan timbal balik dan hubungan antara generasi yang wujud sepanjang hayat. Penyertaan golongan ini secara aktif dalam pelbagai bidang, misalnya dalam pentadbiran komuniti seperti majlis pengurusan komuniti kampung, rukun tetangga dan sebagai jawatankuasa kariah surau dan masjid dapat mengelakkan mereka daripada pelbagai masalah sosial dalam kalangan warga emas, termasuk sindrom kesunyian.

Isu yang membabitkan warga emas begitu luas untuk diperkatakan. Isu seperti penjagaan, jaminan keselamatan sosial, kesihatan, hubungan intergenerasi, peluang pekerjaan dan persaraan begitu rapat dengan golongan ini dan memberikan kesan terhadap pembentukan dasar kerajaan. Negara perlu memastikan kesejahteraan berterusan untuk golongan ini bagi menghasilkan keseimbangan dalam kelima-lima dimensi utama masyarakat, iaitu kesihatan fizikal, kesihatan mental, sosial, ekonomi dan kerohanian. Konotasi warga emas mampu menyumbang kepada pembangunan negara bukanlah satu kenyataan hiperbola semata-mata. Warga emas mempunyai hak dalam masyarakat dan memiliki mutiara pengalaman yang tidak ada pada orang muda.

Oleh itu, sebarang perancangan mengenai golongan tua tidak seharusnya hanya memfokuskan hal ehwal eksplisit warga emas, seperti kewangan, bantuan dan isu kesihatan, sebaliknya perkara implisit seperti penyertaan dan penuaan aktif juga harus dititikberatkan. Penuaan aktif bukanlah satu-satunya penyelesaian terhadap isu warga emas, namun perkara ini boleh menjadi alternatif terbaik dalam usaha membawa golongan ini keluar daripada sindrom kesepian, serta pelbagai gejala sosial seputar isu penuaan.

 **PERKATAAN BAHARU**

warga emas 老年人	stereotaip 毫无新意的
penuaan 老化	kesuraman 黯淡，不幸福
tabungan 基金	kesepian 孤独，寂寞
terjebak 掉入陷阱	setara 相同的，匹配的
mengemis 行乞	gerontologi 老年医学
gelandangan 居无定所	prestasi 成绩，成就
rela 宁愿	insentif 鼓励，奖励
tirai besi 铁幕	dipotretkan 代表
median 中位	temu bual 访谈
mengunjurkan 判断，推测	eksklusif 独家的，专属的
demografi 人口统计学	figura 人物
berdikari 自力更生的	mengoptimumkan 优化
kebajikan 福利	saban tahun 每一年
waris 继承人	mengupah 雇佣
tribunal khusus 特别仲裁庭	menelan 吞噬，吞并，耗费
mekanisme 机制	terlantar 被搁置，被置之不理
geriatrik 老年病学	kronik 慢性
bak 好像，如同，犹如	demensia 痴呆
pepatah 谚语	nyanyuk 老糊涂的
berinteraksi 互动	ketidaksamarataan 不公平，不平等

inklusif 包容性	kesunyian 寂寞
skop 范围	konotasi 含义
jaringan sosial 社会交往	hiperbola 夸张修辞手法
peranan timbal balik 相互作用	mutiara 有价值的，珍珠
kariah 乡村	eksplisit 清楚的，明白的，详细的
surau 小回教堂	implisit 含蓄的，不言明的
sindrom 综合征	seputar 围绕

LATIHAN

I Menjawab soalan pemahaman di bawah.

1. Mengikut karangan ini, apakah akan berlaku kepada warga emas yang kekurangan pendapatan dan kehilangan kesihatan?

2. Apakah definisi tentang warga emas?

3. Di negara China dan Singapura, bagaimana untuk menjamin kebajikan warga emas?

4. Mengikut karangan ini, macam mana untuk mengelakkan kemerosotan fizikal dan mental warga emas?

5. Apakah tindakan sudah diambil oleh sebahagian negara untuk meneruskan perkhidmatan warga emas kepada masyarakat?

II Menterjemahkan ayat-ayat di bawah ini kepada bahasa Mandarin.

1. Peningkatan populasi golongan ini seharusnya diiringi dengan perkhidmatan kesihatan yang bersesuaian dan sumber kewangan atau tabungan yang kukuh. Kemerosotan kesihatan dan kehilangan punca pendapatan hanya akan mendorong golongan ini terjebak ke dalam masalah sosial lain, seperti aktiviti mengemis, gelandangan dan jenayah.

2. Sementara itu, perubahan demografi memerlukan kerajaan menggubal akta baharu dan dasar berkaitan, di samping melaksanakan pelbagai inisiatif termasuk mengkaji semula dan menambah baik Dasar Warga Emas Negara bagi memastikan golongan ini dapat terus hidup sejahtera, mampu berdikari dan menyumbang kepada kemajuan ekonomi negara.

3. Bak kata pepatah "mencegah lebih baik daripada merawat", kerajaan perlu menyediakan lebih banyak peluang dan ruang kepada golongan ini untuk kekal aktif. Menurut portal MyHEALTH Kementerian Kesihatan Malaysia, warga emas yang aktif kurang mengalami masalah kesihatan yang teruk dan biasanya mampu berdikari. Kajian juga mendapati warga emas yang aktif secara sosial dan sering berinteraksi dengan orang lain lambat mengalami kemerosotan kesihatan, berbanding dengan warga emas yang kurang terlibat dengan masyarakat.

4. Aktif dari aspek sosial dan aspek kerja juga membolehkan mereka membuang stereotaip negatif masyarakat yang sering mengaitkan usia emas dengan era kesuraman dan kesepian. Seterusnya penyertaan semula warga emas dalam pembangunan negara juga dapat dipertingkatkan. Oleh sebab itu, negara bakal dipandang tinggi setara dengan negara maju lain yang telah mengiktiraf sumbangan warga emas.

5. Oleh itu, diharapkan kerajaan dapat memperkenalkan dasar baharu yang menyediakan insentif bagi warga tua untuk kekal dalam pasaran kerja serta membolehkan syarikat dan pelbagai organisasi menggunakan kepakaran dan perkhidmatan mereka. Di Jepun misalnya, dasar warga emas yang baharu telah diperkenalkan bagi menaikkan umur pilihan penerimaan pencen awam hingga 71 tahun.

6. Penuaan aktif yang dibuktikan sendiri oleh pemimpin nombor satu negara itu pastinya dapat menarik lebih ramai figura warga emas yang berkeupayaan dalam pelbagai sektor dan masih aktif dalam bidang masing-masing. Sebahagian anggota Kabinet juga terdiri daripada menteri yang berusia lebih 60 tahun.

7. Oleh hal yang demikian, konsep penuaan aktif merupakan alternatif bagi mengurangkan beban kerajaan dan individu dalam pengurusan penuaan. Menerusi konsep penuaan aktif, warga emas boleh mencari aktiviti baharu bagi menggantikan kegiatan zaman muda mereka mengikut kesesuaian fizikal dan kesihatan.

8. Isu seperti penjagaan, jaminan keselamatan sosial, kesihatan, hubungan intergenerasi, peluang pekerjaan dan persaraan begitu rapat dengan golongan ini dan memberikan kesan terhadap pembentukan dasar kerajaan. Negara perlu memastikan kesejahteraan berterusan untuk golongan ini bagi menghasilkan keseimbangan dalam kelima-lima dimensi utama masyarakat, iaitu kesihatan fizikal, kesihatan mental, sosial, ekonomi dan kerohanian.

Ⅲ **Sila rumuskan karangan yang panjangnya tidak melebihi 100 patah perkataan.**

Teks A

Rumah Oh Rumah Mampukah Generasi Muda Memilikinya? (I)

Kita sentiasa didendangkan dengan suara-suara kerisauan dan rintihan keperitan yang membelenggu generasi muda berhubung dengan isu pemilikan rumah. Boleh dikatakan, hampir setiap hari, perkara berkaitan dengan pemilikan rumah, dibincangkan oleh hampir keseluruhan generasi muda di negara ini. Mengapakah hal ini berlaku? Di manakah silapnya? Apakah yang membuatkan hal ini menjadi kritikal? Siapa? Apa? Di mana? Bagaimana? Mengapa? Kesemua persoalan ini menjadi titik tolak dalam berbicara, berkaitan dengan isu perumahan ini.

Dalam era pembangunan dan modenisasi, keperluan sesebuah rumah ataupun tempat tinggal kekal menjadi keperluan utama selagi terdapatnya sesebuah kehidupan. Hal ini merupakan keperluan asas yang tidak akan berubah sejak azali. Secara umumnya, rumah atau tempat tinggal boleh difahamkan sebagai ruang untuk berlindung daripada sebarang pengaruh keadaan alam semula jadi serta tempat untuk beristirahat. Oleh hal yang demikian, secara logiknya, keperluan sesebuah rumah penting bagi kita semua. Rumah oh rumah!

Generasi muda tertekan untuk memiliki rumah, dan generasi muda tertekan dengan kos sara hidup. Hal ini senario biasa yang sering kali diuar-uarkan. Benar, generasi muda memang tertekan. Mengapa tidak? Harga rumah dianggap sudah tidak relevan dengan kadar penerimaan gaji mereka. Penerimaan gaji sebahagian besar generasi muda ini hanya mampu untuk menyara asas perbelanjaan kehidupan dan kos sara hidup harian semata-mata. Walaupun masih boleh dibincangkan secara lanjut, namun, begitulah titik tolak asas kepada situasi semasa generasi muda hari ini.

Perbincangan secara ekonomiknya, apabila disentuh berhubung dengan pertumbuhan Keluaran Dalam Negara Kasar (KDNK), negara mampu untuk melepasi sasaran lima peratus untuk tempoh yang panjang, namun, perkara yang jelas untuk dibimbangkan oleh masyarakat dan generasi muda terutamanya pertumbuhan yang baik ini masih tidak dapat membantu generasi muda khasnya untuk mengatasi masalah kos sara hidup yang semakin meningkat dengan begitu drastik. Situasi ini jelas sekali dirasai oleh mereka yang berada di bandar-bandar besar seperti Kuala Lumpur, Pulau Pinang dan Johor, serta turut memberikan impak yang besar kepada mereka yang berada di luar bandar sehingga di kampung-kampung kecil.

Anggaran awal gaji kehidupan wajar di Kuala Lumpur (2016)

	Dewasa bujang	Pasangan tanpa anak	Pasangan dengan dua orang anak
Anggaran gaji kehidupan wajar di KL (sebulan)	RM 2700	RM 4500	RM 6500
Andaian utama untuk bakul barangan dan perkhidmatan	• Sewa sebuah bilik. • Kerap makan di luar, sesekali memasak • Lebih banyak guna pengangkutan	• Sewa pangsapuri tiga bilik. • Kerap memasak, makan di luar pada hujung minggu. • Memiliki dua kenderaan	• Sewa pangsapuri satu bilik. • Kerap makan di luar rumah. Memiliki dua kenderaan (motosikal) • Bayar yuran kelas tambahan swasta dan penjagaan kanak-kanak.

Berdasarkan Laporan Tahunan 2017 Bank Negara Malaysia, anggaran awal gaji kehidupan wajar di Kuala Lumpur bagi dewasa bujang adalah sebanyak RM 2700, pasangan tanpa anak (RM 4500) dan sebanyak RM 6500 bagi pasangan dengan dua orang anak. Dalam keadaan Malaysia yang memfokuskan untuk menjadi negara berpendapatan tinggi, sekitar 27 peratus isi rumah di Kuala Lumpur khasnya, hidup di bawah upah saraan, iaitu hanya sebanyak RM 2700 sebulan. Lebih memeranjatkan lagi, sebanyak 50 peratus warga kerja di Kuala Lumpur memperoleh pendapatan di bawah upah saraan. Kajian tersebut mengandaikan bahawa responden setidak-tidaknya menyewa ruang bilik atau menyewa sebuah pangsapuri tiga bilik. Jelas di sini, keupayaan untuk memiliki sebuah rumah bagi generasi muda masih berada pada tahap yang merisaukan mereka.

Laporan tahunan tersebut turut menyatakan bahawa hasil penemuan bagi isi rumah dewasa bujang selaras dengan fakta bahawa graduan dengan ijazah pertama atau diploma memperoleh secara purata, gaji permulaan masing-masing sebanyak RM 2207 dan RM 1346 sebulan. Hal ini cukup merunsingkan generasi muda untuk memiliki sebuah rumah. Secara dasarnya, penambahbaikan dalam permulaan gaji bagi generasi muda perlu merujuk pendapatan yang diperlukan oleh isi rumah agar mampu memperoleh taraf hidup minimum yang boleh diterima selaras dengan perkembangan ekonomi dan kos semasa. Secara telusnya, hal ini akan meningkatkan kemampuan generasi muda untuk meneruskan kehidupan amnya dan memiliki rumah khasnya.

Seterusnya, bersediakah generasi muda kini untuk melaksanakan sebahagian koreksi diri atau semakan aktiviti kehidupan seharian? Hal ini adalah sebagai rujukan kepada diri sendiri untuk menilai, di manakah dan bagaimanakah kemampuan sebenar diri sendiri untuk memiliki sebuah rumah. Ibarat pepatah Melayu, "ada angin ada pokoknya". Untuk memiliki sesebuah rumah, hal tersebut merupakan satu pelaburan yang besar dan memerlukan komitmen yang tinggi. Selain itu, pemilikan sesebuah rumah turut melibatkan komitmen kewangan tambahan seperti bayaran balik pinjaman dan perbelanjaan lain yang berkaitan.

Kewajaran Dasar Perumahan Negara 2018-2025

Generasi muda merupakan tunjang pembangunan negara pada masa hadapan. Keperluan kehidupan terutama kepada generasi muda menjadi aspek penting memastikan keseimbangan pembangunan negara bukan sekadar ekonomi negara sahaja, malah turut melibatkan keseimbangan ekosistem kehidupan masyarakat setempat.

Objektif Dasar Perumahan Negara adalah menyediakan rangka kerja pembangunan sektor perumahan bagi membantu kerajaan dan pihak swasta untuk menyediakan perumahan berdasarkan permintaan dan keperluan oleh setiap lapisan masyarakat, memperkukuh peranan sektor perumahan dalam pengurusan konurbasi bagi mempromosikan pertumbuhan ekonomi dan penyediaan habitat berdaya huni, memastikan peruntukan sosial sektor perumahan dinikmati oleh isi rumah yang berkelayakan, menggalakkan kepelbagaian akses isi rumah kepada perumahan menerusi pemilikan dan sewaan, menekankan penyediaan dan penyelenggaraan perumahan berkualiti yang mampu dimiliki oleh rakyat.

Dengan jelas, dasar ini bukan hanya tertumpu kepada penyediaan perumahan, turut menumpukan kepada ekosistem yang menyeluruh yang melibatkan ekosistem kehidupan masyarakat sekarang dan generasi muda, serta melihat kepentingan kos kehidupan harian bagi generasi muda pada masa akan datang, terutamanya meliputi lokasi perumahan tersebut, kadar pembinaan rumah dan harga rumah, kebolehcapaian kepada perumahan-perumahan yang disediakan, serta menitikberatkan kepada potensi perbelanjaan harian generasi muda pada masa akan datang.

Oleh hal demikian, apabila sesuatu pembinaan perumahan telah mengambil kira kewajaran dan kos menyeluruh yang melibatkan bakal pembeli, maka secara langsung, hal ini akan membantu mengurangkan kos sara hidup bagi seseorang pembeli ataupun pemilik rumah yang disediakan. Hal ini dikatakan demikian kerana kesemua ekosistem yang melibatkan bakal pembeli telah direncanakan dengan baik oleh agensi yang terlibat dalam usaha menyediakan dasar perumahan ini. Ekosistem yang dimaksudkan bermula apabila seorang pemilik atau bakal pembeli bergerak keluar dari rumah menuju ke lokasi bekerja, sehingga pemilik atau bakal pembeli tersebut pulang kembali ke rumah selepas selesai bekerja. Kesemua kos yang terlibat telah diambil kira sebaiknya dan dipermudahkan dengan kos minimum. Secara langsung, hal ini akan memberikan impak yang positif dan keseimbangan yang mapan dalam ekosistem pembeli rumah tersebut selepas dasar ini diwartakan dan dikuatkuasakan.

Rumah Oh Rumah Mampukah Generasi Muda Memilikinya? (II)

Generasi Muda: Membeli atau Menyewa?

Merujuk pihak The Organisation for Economic Cooperation and Development (OECD), rata-rata generasi muda dari negara maju memilih untuk menyewa berbanding dengan memiliki rumah. Hal ini disebabkan oleh prinsip dan gaya hidup yang tertumpu kepada kerjaya (yang tidak khuatir untuk berpindah tempat kerja demi kewajaran gaji), kepuasan kehidupan harian dan tidak meletakkan hal kekeluargaan sebagai komitmen utama. Keadaan ini jelas berbeza dengan masyarakat setempat yang memilih komitmen dalam kekeluargaan sebagai penting dan kerjaya setempat yang tetap menjadi rujukan utama.

Waima, boleh dikatakan seperti satu "trend" baru dalam gaya hidup generasi muda di negara ini yang masih lagi belum memutuskan sama ada mahu menyewa atau membeli. Hal ini dikatakan demikian kerana kesedaran terhadap pemilikan rumah masih menjadi perbincangan dalam kalangan mereka. Bagi mereka, isu penyewaan ini hanya merupakan isu sementara kepada mereka untuk memastikan kelangsungan kehidupan harian dalam penyediaan kelangsungan kehidupan pada masa akan datang. Namun begitu, bagi memastikan generasi muda mempunyai pelbagai alternatif untuk memiliki rumah, pihak kerajaan telah cuba menyediakan satu lagi alternatif, iaitu alternatif menyewa untuk memiliki atau dikenali sebagai Rent-To-Own.

Rent-To-Own ini ialah satu program Sewa Milik kediaman selama 10 tahun bagi pemohon yang berjaya dalam pengundian untuk kediaman PR1MA tetapi gagal mendapatkan kelulusan pinjaman daripada

bank panel PR1MA. Melalui skim ini, pemohon perlu menyewa kediaman PR1MA sehingga 10 tahun. Pemohon diberikan pilihan untuk membeli kediaman tersebut pada akhir tahun ke-5 atau ke-10 pada harga yang ditetapkan oleh PR1MA. Kemudahan ini merupakan inisiatif yang baik bagi membantu membuka ruang kepada generasi muda untuk memiliki rumah.

Pada asasnya, pendekatan yang ditekankan melalui penyediaan Dasar Perumahan Negara 2018-2025 kali ini amat menitikberatkan kepentingan dan keperluan utama kepada generasi muda. Pemahaman dan pembacaan bagi kedua-dua sumber utama ini perlu diambil perhatian bagi merencanakan keperluan diri bagi generasi muda itu sendiri. Generasi muda juga perlu mengambil cakna terhadap perkembangan ini agar tidak terlepas maklumat terkini yang banyak memberikan manfaat kepada pembangunan negara dan pembangunan generasi muda.

Penambahbaikan untuk Generasi Muda

Peluang yang disediakan oleh pelbagai pihak sedikit banyak memberikan impak positif kepada generasi muda. Namun begitu, warga generasi muda perlu mempersiapkan diri untuk memastikan potensi yang bakal dihadapi setelah penambahbaikan ini diselesaikan sama ada berkaitan dengan gaya hidup sendiri mahupun kepesatan pembangunan persekitaran yang boleh mengesani kos cara hidup mereka.

Kini, rata-rata harga rumah yang dijual mula menunjukkan keseimbangan dan kemampuan kepada bakal pembeli. Tidak dinafikan, kawalan yang direncanakan dan dikuatkuasakan oleh pihak berkuasa yang dilantik memainkan peranan yang besar bagi memastikan harga pasaran dikawal sebaik-baiknya. Ketelusan dan pelaksanaan berterusan amat penting bagi memastikan konsistensi dalam harga penjualan rumah.

Selain itu, penetapan berkaitan dengan pendapatan isi rumah yang terbahagi kepada tiga kategori, iaitu B40, M40 dan T20 perlu diperhalusi dan diperincikan dengan jelas. Rajah yang dipapar menerangkan kategori tersebut berdasarkan Belanjawan 2019.

Maksud B40, M40 dan T20

- Jumlah pendapatan isi rumah RM950 sebulan merupakan indikator kepada Pendapatan Garis Kemiskinan (PGK) yang juga tergolong dalam B40.
- Klasifikasi dikira berdasarkan jumlah pendapatan isi rumah dan bukan individu.
- Berikut merupakan maksud pecahan jumlah pendapatan isi rumah.

B40	M40	T20
Nama lain ialah "bottom 40" yang merujuk kepada jumlah pendapatan yang terendah.	Nama lain ialah "middle 40" yang merupakan kumpulan isi rumah pertengahan	Nama lain ialah "top 20" yang merupakan golongan paling banyak memperoleh jumlah pendapatan isi rumah.
40 peratus rakyat Malaysia terdiri daripada golongan ini.	40 peratus rakyat Malaysia terdiri daripada golongan ini.	20 peratus rakyat Malaysia terdiri daripada golongan ini.
Purata pendapatan keluarga ialah kurang daripada RM3860.	Purata pendapatan keluarga mestilah antara RM3860 hingga RM8319.	Mempunyai pendapatan isi rumah tertinggi, iaitu bermula daripada RM8319.

Perincian kelebihan mengikut kategori atau boleh diklasifikasikan sebagai pengurusan secara mikro perlu ditambahbaik agar golongan yang benar-benar memerlukan dapat menikmati hak mereka secara saksama. Selain itu, generasi muda khasnya dan masyarakat negara ini umumnya, perlu diberikan lebih pendedahan bagi setiap kategori tersebut dengan telus.

Jika digambarkan secara kasar, tidak wajar bagi mereka yang dikategorikan sebagai tergolong dalam Pendapatan Garis Kemiskinan yang berpendapatan isi rumah sebanyak RM 950 sebulan disamatarafkan dengan golongan yang berpendapatan isi rumah sebanyak RM 3 859 sebulan. Hal sebegini amat penting bagi memastikan warga generasi muda dan masyarakat negara ini faham tentang hak-hak yang sewajarnya mereka miliki yang telah disediakan oleh kerajaan.

Di peringkat pelaksanaan praktikal, kerajaan harus membina dan menyiapkan rumah mampu milik dengan peruntukan khas demi memastikan bekalan rumah mencukupi. Selain itu, institut kewangan harus menurunkan kadar pembiayaan supaya jumlah bayaran ansuran bulanan pembiayaan oleh peminjam untuk memiliki rumah dikurangkan, dan seterusnya golongan tersebut mendapat pembiayaan dengan lebih mudah.

Tambahan pula, seperti yang turut dinyatakan dalam Belanjawan 2019 kepada pembeli rumah pertama bernilai sehingga RM 500 000, kerajaan akan memberikan pengecualian duti setem sehingga RM 300 000 yang pertama ke atas surat cara pindah milik dan perjanjian pinjaman bagi tempoh dua tahun sehingga Disember 2020. Bagi pembeli rumah pertama dengan pendapatan isi rumah sehingga RM 5000, kerajaan akan memperuntukkan RM 25 juta kepada Cagamas Berhad untuk menyediakan jaminan pajak gadai bagi membolehkan peminjam mendapat pembiayaan yang lebih tinggi termasuk bayaran deposit. Langkah ini dijangka memberikan penjimatan kos antara 7 peratus hingga 11 peratus kepada pembeli rumah selain daripada apa-apa potongan diskaun yang ditawarkan oleh pemaju.

Dasar-dasar yang telah dikeluarkan perlu menjalani penilaian yang berterusan. Hal ini bagi memastikan dasar yang dihasilkan memberikan impak yang besar dan berkualiti. Selain itu, ini bagi memastikan dasar tersebut sentiasa mempunyai pelan-pelan yang bukan sekadar untuk menyelesaikan masalah, tetapi untuk memberikan langkah pembaikan agar dasar yang dihasilkan itu sentiasa mampan dengan keperluan semasa dan akan datang.

Bagi memastikan dasar yang dihasilkan sentiasa mampan dan berkualiti, proses pelaksanaan untuk mendapatkan maklumat, iaitu proses yang melibatkan komunikasi dan interaksi bersama-sama orang ramai perlu ditambahbaikkan dan dilakukan lebih meluas. Setiap dapatan itu perlu diwartakan dan dibentangkan sebaik-baiknya agar jelas dan memberikan gambaran sebenar tentang keperluan dan kepentingan dapatan bagi proses penyediaan dan proses merumuskan sesuatu dasar yang dilaksanakan atau bakal dilaksanakan.

Pihak penggubal dasar dan pihak kerajaan sewajarnya terus terbuka untuk menerima pendapat, idea dan komentar daripada pelbagai lapisan masyarakat dan menganalisis dapatan tersebut dengan sebaik-baiknya bagi memastikan dasar yang disediakan sentiasa kekal relevan dan demi manfaat bersama untuk dinikmati oleh rakyat seluruhnya.

PENERANGAN

1 **Diploma 文凭**

Diploma merupakan salah satu laluan yang boleh dipilih oleh lepasan SPM. Program diploma direka untuk calon yang ingin bekerja dalam industri vokasional. Pengajian diploma juga termasuk kursus berasaskan teori dan praktikal seperti pendidikan awal kanak-kanak, perakaunan dan pentadbiran perniagaan. Pelajar yang tidak berjaya dalam peperiksaan SPM dan hanya dapat 3 atau 4 kredit boleh mempertimbangkan untuk memohon kursus diploma. Kursus ini selalunya ambil 2 hingga 3 tahun untuk belajar.

2 **Program Perumahan Rakyat 1 Malaysia（PR1MA）一个马来西亚房屋计划**

PR1MA atau Program Perumahan Rakyat 1 Malaysia ialah program pembangunan perumahan di Malaysia. Program ini dilancarkan pada 4 Julai 2011 melalui mantan Perdana Menteri, iaitu Najib Razak. Tujuan PR1MA diwujudkan adalah untuk merancang, membangun, membina serta menawarkan pembangunan kediaman yang berkualiti tinggi, malah membentuk fasiliti komuniti berintegrasi bagi rakyat Malaysia yang berpendapatan sederhana.

3 **Rumah Sewan Beli (Skim Rent To Own) 先租后买计划**

Skim Rent to Own (RTO) PR1MA adalah skim pemilikan perumahan PR1MA berkonsep sewa beli. Skim ini memberi peluang kepada rakyat daripada golongan berpendapatan pertengahan (M40) untuk memiliki kediaman PR1MA dengan skim pemilikan perumahan secara mampu milik. Ia merupakan skim sewa untuk memiliki yang dikhususkan untuk membantu mereka yang berminat dengan kediaman PR1MA tetapi tidak dapat menanggung kos pendahuluan yang tinggi. Walau bagaimanapun, terma dan syarat pembiayaan akan ditentukan oleh Maybank, penyedia pembiayaan akhir tunggal untuk skim ini.

4 **Cagamas Berhad 马来西亚国家按揭机构**

Cagamas Berhad (Cagamas), ditubuhkan pada tahun 1986 untuk menggalakkan pemilikan rumah dan pertumbuhan pasaran mortage sekunder di Malaysia. Cagamas mengeluarkan sekuriti hutang untuk membiayai pembelian pinjaman perumahan daripada peminjam utama. Penyediaan kecairan pada kos yang munasabah kepada peminjam utama pinjaman perumahan untuk tujuan menggalakkan pembesaran pembiayaan untuk rumah dengan kos yang lebih murah.

 **PERKATAAN BAHARU**

mendendengkan 唱歌给……听	mengandaikan 想象，猜想
rintihan 呻吟，叹气	konurbasi 都市圈
azali 过去，远古	waima 虽然，总是
menguar-uarkan 当众大声宣布，传播消息	alternatif 交替，两者或以上选一
memeranjatkan 使吃惊，使惊骇	konsistensi 统一性，连贯性

LATIHAN

I **Sila terjemahkan istilah dan ungkapan di bawah ini.**

rintihan keperitan

sejak azali

menyara asas perbelanjaan kehidupan

kos sara hidup harian

Keluaran Dalam Negara Kasar (KDNK)

pendapatan di bawah upah saraan

rumah mampu milik

penyediaan habitat berdaya huni

taraf hidup minimum

gaya hidup

Pendapatan Garis Kemiskinan

jumlah bayaran ansuran bulanan pembiayaan

memberikan pengecualian duti setem

menyediakan jaminan pajak gadai

mengambil cakna

mengambil endah

II **Menjawab soalan pemahaman di bawah.**

1. Apa petunjuk penulisan artikel ini? Bagaimana penulis membincangkan masalah ketidakmampuan rumah generasi muda?

2. Apa ditafsirkan oleh penulis bagi konsep rumah atau tempat tinggal?

3. Apa punca yang mengakibatkan generasi muda tertekan untuk memiliki rumah?

4. Apa kesukaran yang dihadapi oleh generasi muda bagi memiliki rumah?

5. Apa objektif dan tujuan Dasar Perumahan Negara 2018-2025? Apakah manfaatnya terhadap generasi muda untuk memilik rumah sendiri?

6. Apa sebabnya generasi muda dari negara maju memilih untuk menyewa berbanding dengan memiliki rumah?

7. Apa keputusan generasi muda Malaysia semasa menghadapi pilihan membeli atau menyewa rumah?

8. Sila beri sebuah tafsiran bagi konsep Rent-To-Own.

9. Sila ringkaskan golongan B40, M40 dan T20 di Malaysia.

10. Apakah cadangan penulis untuk memecahkan pembelengguan milik rumah generasi muda? Sila ringkaskan saranannya dari sudut pihak berbeza.

Ⅲ Menterjemahkan ayat-ayat di bawah kepada bahasa Mandarin.

1. Perbincangan secara ekonomiknya, apabila disentuh berhubung dengan pertumbuhan Keluaran Dalam Negara Kasar (KDNK), negara mampu untuk melepasi sasaran lima peratus untuk tempoh yang panjang, namun, perkara yang jelas untuk dibimbangkan oleh masyarakat dan generasi muda terutamanya pertumbuhan yang baik ini masih tidak dapat membantu generasi muda khasnya untuk mengatasi masalah kos sara hidup yang semakin meningkat dengan begitu drastik.

2. Laporan tahunan tersebut turut menyatakan bahawa hasil penemuan bagi isi rumah dewasa bujang selaras dengan fakta bahawa graduan dengan ijazah pertama atau diploma memperoleh secara purata, gaji permulaan masing-masing sebanyak RM 2207 dan RM 1346 sebulan. Hal ini cukup merunsingkan generasi muda untuk memiliki sebuah rumah. Secara dasarnya, penambahbaikan dalam permulaan gaji bagi generasi muda perlu merujuk pendapatan yang diperlukan oleh isi rumah agar mampu memperoleh taraf hidup minimum yang boleh diterima selaras dengan perkembangan ekonomi dan kos semasa.

3. Seterusnya, bersediakah generasi muda kini untuk melaksanakan sebahagian koreksi diri atau semakan aktiviti kehidupan seharian? Hal ini adalah sebagai rujukan kepada diri sendiri untuk menilai, di manakah dan bagaimanakah kemampuan sebenar diri sendiri untuk memiliki sebuah rumah.

4. Objektif Dasar Perumahan Negara adalah menyediakan rangka kerja pembangunan sektor perumahan bagi membantu kerajaan dan pihak swasta untuk menyediakan perumahan berdasarkan permintaan dan keperluan oleh setiap lapisan masyarakat, memperkukuh peranan sektor perumahan dalam pengurusan konurbasi bagi mempromosikan pertumbuhan ekonomi dan penyediaan habitat berdaya huni, memastikan peruntukan sosial sektor perumahan dinikmati oleh isi rumah yang berkelayakan, menggalakkan kepelbagaian akses isi rumah kepada perumahan menerusi pemilikan dan sewaan, menekankan penyediaan dan penyelenggaraan perumahan berkualiti yang mampu dimiliki oleh rakyat.

5. Oleh hal demikian, apabila sesuatu pembinaan perumahan telah mengambil kira

kewajaran dan kos menyeluruh yang melibatkan bakal pembeli, maka secara langsung, hal ini akan membantu mengurangkan kos sara hidup bagi seseorang pembeli ataupun pemilik rumah yang disediakan. Hal ini dikatakan demikian kerana kesemua ekosistem yang melibatkan bakal pembeli telah direncanakan dengan baik oleh agensi yang terlibat dalam usaha menyediakan dasar perumahan ini. Ekosistem yang dimaksudkan bermula apabila seorang pemilik atau bakal pembeli bergerak keluar dari rumah menuju ke lokasi bekerja, sehingga pemilik atau bakal pembeli tersebut pulang kembali ke rumah selepas selesai bekerja. Kesemua kos yang terlibat telah diambil kira sebaiknya dan dipermudahkan dengan kos minimum.

6. Hal ini disebabkan oleh prinsip dan gaya hidup yang tertumpu kepada kerjaya (yang tidak khuatir untuk berpindah tempat kerja demi kewajaran gaji), kepuasan kehidupan harian dan tidak meletakkan hal kekeluargaan sebagai komitmen utama. Keadaan ini jelas berbeza dengan masyarakat setempat yang memilih komitmen dalam kekeluargaan sebagai penting dan kerjaya setempat yang tetap menjadi rujukan utama.

7. Namun begitu, warga generasi muda perlu mempersiapkan diri untuk memastikan potensi yang bakal dihadapi setelah penambahbaikan ini diselesaikan sama ada berkaitan dengan gaya hidup sendiri mahupun kepesatan pembangunan persekitaran yang boleh mengesani kos cara hidup mereka.

8. Perincian kelebihan mengikut kategori atau boleh diklasifikasikan sebagai pengurusan secara mikro perlu ditambahbaik agar golongan yang benar-benar memerlukan dapat menikmati hak mereka secara saksama.

9. Selain itu, ini bagi memastikan dasar tersebut sentiasa mempunyai pelan-pelan yang bukan sekadar untuk menyelesaikan masalah, tetapi untuk memberikan langkah pembaikan agar dasar yang dihasilkan itu sentiasa mampan dengan keperluan semasa dan akan datang.

10. Bagi memastikan dasar yang dihasilkan sentiasa mampan dan berkualiti, proses pelaksanaan untuk mendapatkan maklumat, iaitu proses yang melibatkan komunikasi dan interaksi bersama-sama orang ramai perlu ditambahbaikkan dan dilakukan lebih meluas. Setiap dapatan itu perlu diwartakan dan dibentangkan sebaik-baiknya agar jelas dan memberikan gambaran sebenar tentang keperluan dan kepentingan dapatan bagi proses penyediaan dan proses merumuskan sesuatu dasar yang dilaksanakan atau bakal dilaksanakan.

IV **Sila lakar rangka karangan yang panjangnya tidak melebihi 100 patah perkataan.**

Teks A

Dasar Inklusif OKU

Masyarakat yang penyayang, harmoni dan bersatu bermula dengan institusi pendidikan yang berteraskan nilai-nilai murni. Malaysia memiliki impian yang besar dalam membentuk sebuah sistem pendidikan yang mampu melahirkan insan yang berpegang teguh kepada nilai kasih sayang kegembiraan dan hormat menghormati. Melalui nilai-nilai seperti ini, negara mampu membentuk sebuah budaya pendidikan inklusif dan tidak meminggirkan mana-mana golongan termasuk orang kelainan upaya(OKU).

Umum mengetahui bahawa bermula tahun 2019, Kementerian Pendidikan Malaysia (KPM) telah melaksanakan Dasar Sifar Penolakan secara menyeluruh bagi Murid Berkeperluan Khas (MBK). Hal ini bagi memastikan tiada murid dalam kalangan OKU yang dinafikan hak mereka untuk memasuki alam persekolahan. Sebagai kesinambungan usaha tersebut, Dasar Inklusif OKU juga akan dilaksanakan dan diberikan keutamaan di semua institusi pendidikan tinggi bagi memastikan kemudahan dan sistem sokongan pendidikan yang berterusan dapat diberikan kepada pelajar OKU yang berjaya mendapat tempat di universiti awam dan swasta.

Pendidikan merupakan sektor yang diberikan keutamaan yang tinggi dari segi peruntukan sejak negara mencapai kemerdekaan. Sebagai sebuah negara yang memberikan penekanan kepada kesejahteraan rakyatnya dan mengiktiraf hak pendidikan untuk OKU, Malaysia telah menerima dan mengguna pakai Pernyataan Salamanca dan Kerangka Aksi Mengenai Pendidikan Khusus pada tahun 1994. Di samping itu, Malaysia juga telah menandatangani Konvensyen Pertubuhan Bangsa-Bangsa Bersatu mengenai Hak Orang Kurang Upaya pada 8 April 2008 dan mengesahkannya pada 19 Julai 2010. Selain itu, Malaysia turut menggubal dan seterusnya memperkenalkan Akta Orang Kurang Upaya pada tahun 2008.

Oleh itu, KPM berharap dengan adanya Garis Panduan Dasar Inklusif OKU, institusi pengajian tinggi (IPT) di negara ini akan lebih berupaya melahirkan individu OKU yang hebat dan terkenal di seluruh dunia pada masa hadapan.

Untuk memastikan matlamat dasar pendidikan inklusif dapat dicapai sepenuhnya, antara langkah yang perlu dilaksanakan oleh semua IPT termasuklah Perancangan Strategik IPT yang menyediakan pelan tindakan jangka pendek dan jangka panjang yang komprehensif, praktikal dan boleh dilaksanakan. Selain itu, di bawah Perancangan Strategik IPT juga perlu menyediakan perancangan dan pelaksanaan transformasi minda, iaitu program kepada warga IPT supaya mereka lebih peka dan empati terhadap keperluan warga OKU; melaksanakan Unit Perkhidmatan OKU; mewujudkan unit perkhidmatan dan sokongan khusus untuk OKU bagi menyelaraskan segala keperluan mahasiswa OKU dan kakitangan OKU akademik dan bukan akademik; menentukan keperluan OKU diberikan perhatian sewajarnya.

Persekitaran fizikal merupakan aktor utama yang menjadi halangan bagi pelajar OKU. Penyertaan pelajar kurang upaya di sekolah telah lama wujud, namun reka bentuk bagi kebanyakan bangunan sekolah masih lagi tertumpu kepada pelajar yang normal. Halangan fizikal yang sering wujud, seperti jarak, penggunaan pintu yang tidak sesuai, kemasan lantai, laluan bertekstur dan tanjakan masih tidak lengkap. Masalah tersebut telah menyebabkan pergerakan dan penglibatan pelajar dalam aktiviti sekolah terbatas berikutan pergerakan yang tidak dijangka, halangan kelajuan dan jarak serta keterbatasan penglihatan. Oleh itu, persekitaran yang selesa dan infrastruktur mesra OKU akan membuatkan pelajar OKU lebih bermotivasi dan membantu pencapaian akademik pelajar.

Antara langkah yang perlu dilaksanakan bagi menyediakan persekitaran fizikal yang mesra OKU termasuklah meningkatkan kesedaran dan pengetahuan berkaitan reka bentuk sejagat; mengadakan pemantauan daripada pihak berkuasa dalam pembinaan infrastruktur asas yang selari dengan piawaian reka bentuk sejagat; membangunkan perancangan pelan induk strategik pembangunan infrastruktur; menyediakan rancangan naik taraf jangka pendek yang bersifat menyeluruh; menyediakan prasarana pengangkutan awam yang mesra OKU; menyediakan kemudahan sukan (termasuk peralatan) dan riadah yang mesra OKU; dan menyediakan kemudahan perpustakaan, teknologi maklumat dan komunikasi dan kemudahan lain yang mesra OKU.

Terdapat lima pihak berkepentingan di pusat pendidikan tinggi yang wajar menyumbang untuk menghasilkan persekitaran sosial yang kondusif dan mesra OKU, mereka termasuklah pengurusan atasan, kakitangan akademik, kakitangan pentadbiran, pelajar, penyedia perkhidmatan dalam IPT seperti pengusaha kantin, bank, pejabat pos dan sebagainya.

Tidak dinafikan bahawa majoriti pensyarah ialah golongan bukan OKU. Terdapat kemungkinan yang sebahagian daripada mereka kurang peka terhadap keperluan dan sensitiviti pengajaran dan pembelajaran yang bersesuaian dengan pelbagai kategori OKU.

Bagi menjamin golongan OKU dapat belajar dan bekerja dalam keadaan yang selesa, suatu mekanisme sistem sokongan bersepadu untuk pelajar dan kakitangan OKU mengikut keperluan individu perlu dilaksanakan, iaitu mengadakan latihan asas dan lanjutan kepada semua kakitangan akademik bagi menerapkan prinsip reka bentuk sejagat bagi pembelajaran; mengadakan kursus induksi reka bentuk sejagat bagi pembelajaran kepada semua kakitangan akademik yang baharu; menyediakan video dan manual berkenaan keperluan khas pengajaran dan pembelajaran untuk rujukan kakitangan akademik; melatih kakitangan akademik untuk memberikan penyesuaian munasabah dalam pelaksanaan ujian dan penilaian; menyediakan kemudahan tempoh pengajian yang fleksibel dan tidak ditetapkan mengikut bilangan semester atau tahun pengajian mengikut keperluan pelajar OKU.

Umum mengetahui bahawa persekitaran di universiti berbeza daripada situasi di sekolah atau di kawasan kediaman. Perkara ini menuntut kekuatan emosi dan mental khususnya golongan OKU. Bagi menentukan golongan OKU tidak terganggu oleh perubahan ini, setiap universiti hendaklah mengadakan akses mesra OKU kepada perkhidmatan kaunseling; menyediakan kaunselor yang mahir untuk mengendalikan pelanggan OKU termasuk memberikan khidmat nasihat dalam pembangunan kerjaya; pembangunan industri peluang pekerjaan dan latihan praktikal; menjalin perkongsian pintar bersama-sama sektor swasta untuk memberikan peluang pekerjaan kepada golongan OKU; dan menyediakan khidmat nasihat kepada majikan dari segi keperluan pelajar atau graduan OKU di tempat kerja.

Akses kepada pendidikan tinggi merupakan hak asasi semua warganegara Malaysia, termasuk pelajar OKU. Oleh itu, kejayaan pelaksanaan pendidikan inklusif bukan hanya bergantung pada kesedaran dan kefahaman terhadap keperluan pelajar OKU, tetapi juga memerlukan perasaan empati yang tinggi terutama dalam kalangan pentadbiran tertinggi. IPT yang bertanggungjawab merangka pelan pembangunan pendidikan inklusif di IPT masing-masing. Pelan pembangunan tersebut perlu mengambil kira langkah penyelesaian daripada pelbagai halangan merangkumi halangan fizikal, komunikasi, halangan organisasi dan halangan sikap, yang merupakan halangan terbesar bagi pelajar OKU menikmati pendidikan inklusif.

Kecacatan bukan bermakna seseorang itu abnormal kerana kecacatan hanyalah sekadar perbezaan yang sememangnya wujud dalam kepelbagaian masyarakat seperti jantina, etnik, ras dan usia. Usaha menjernihkan persepsi masyarakat tentang konsep normal dan golongan OKU harus terus diteruskan supaya konsep keterangkuman sosial dapat diterjemahkan.

PENERANGAN

1 Dasar Sifar Penolakan 零拒绝政策

Dasar Sifar Penolakan merupakan dasar sedia ada yang diperkasakan bagi memastikan penempatan murid berkeperluan khas (MBK) di sekolah-sekolah Kementerian Pendidikan Malaysia tanpa menafikan hak MBK untuk menerima hak pendidikan. Dasar ini menjadi asas kepada pendidikan inklusif yang memberi peluang pendidikan yang sama kepada pelajar berkeperluan khas.

2 Pernyataan Salamanca dan Kerangka Aksi Mengenai Pendidikan Khusus 萨拉曼卡宣言和《特殊需要教育行动纲领》

Persidangan Dunia Mengenai Pendidikan Berkeperluan Khas dianjurkan dari

7hb. hingga 10hb. Jun 1994 bagi membincangkan mengenai pendidikan untuk semua dengan menimbangkan berkenaan perubahan polisi bagi mencapai pendidikan inklusif. Persidangan ini mengisytiharkan Pernyataan Salamanca dan Kerangka Aksi Mengenai Pendidikan Khusus dan mengeluarkan konsep pendidikan inklusif.

3 **Konvensyen Pertubuhan Bangsa-Bangsa Bersatu mengenai Hak Orang Kurang Upaya**《联合国残疾人权利公约》

Konvensyen mengenai Hak OKU adalah perjanjian oleh negara-negara di seluruh dunia untuk memastikan OKU dan orang bukan OKU dilayan secara sama rata. Konvensyen ini telah diterimapakai pada 13 Disember 2006.

4 **Akta Orang Kurang Upaya 2008**《2008年残疾人法案》

Akta Orang Kurang Upaya (AOKU) 2008 merupakan sebuah dokumen perundangan yang memperuntukkan perkara berkaitan pendaftaran, perlindungan, rehabilitasi, pembangunan dan kesejahteraan orang kurang upaya (OKU), penubuhan Majlis Kebangsaan bagi Orang Kurang Upaya (MKOKU), dan perkara-perkara yang berkaitan dengannya.

PERKATAAN BAHARU

berteraskan 以······为基础	menafikan 否认
meminggirkan 忽视，不注意	menerapkan 应用，实践，融入
menggubal 制定（法律）	munasabah 符合的，合适的，可接受的
empati 移情作用，共情	menuntut 要求，争取，控诉
tekstur 纹理，质地	orang kelainan upaya (OKU) 残障人士
tanjakan 斜坡	Murid Berkeperluan Khas (MBK) 特殊
induk 主要的	需求儿童
riadah 体操，休闲	reka bentuk 设计

LATIHAN

I **Menjawab soalan pemahaman di bawah.**

1. Apa tujuan pelaksanaan Dasar Sifar Penolakan sejak tahun 2019?

2. Apa sokongan undang-undang atau perjanjian diperoleh bagi memperkasakan pendidikan inklusif Malaysia?

3. Apa faktor utama yang menjadi halangan bagi pelajar OKU? Apa langkah yang perlu dilaksanakan bagi menyediakan persekitaran fizikal yang mesra OKU?

4. Apa langkah-langkah boleh diambil supaya mekanisme sistem sokongan bersepadu untuk pelajar dan kakitangan OKU mengikut keperluan individu?

5. Apa sokongan emosi dan mental daripada institusi pendidikan tinggi boleh diberikan kepada golongan OKU?

6. Salah satu matlamat dasar Inklusif OKU adalah sebuah budaya pendidikan inklusif boleh dibentuk di negara Malaysia, pencapaian sasaran ini masih menghadapi banyak halangan. Pada pendapat anda, apa tindakan boleh diambil bagi merealisasikan cita-cita tersebut?

II **Menterjemahkan ayat-ayat di bawah kepada bahasa Mandarin.**

1. Malaysia memiliki impian yang besar dalam membentuk sebuah sistem pendidikan yang mampu melahirkan insan yang berpegang teguh kepada nilai kasih sayang kegembiraan dan hormat menghormati.

2. Selain itu, di bawah Perancangan Strategik IPT juga perlu menyediakan perancangan dan pelaksanaan transformasi minda, iaitu program kepada warga IPT supaya mereka lebih peka dan empati terhadap keperluan warga OKU; melaksanakan Unit Perkhidmatan OKU; mewujudkan unit perkhidmatan dan sokongan khusus untuk OKU bagi menyelaraskan segala keperluan mahasiswa OKU dan kakitangan OKU akademik dan bukan akademik; menentukan keperluan OKU diberikan perhatian sewajarnya.

3. Halangan fizikal yang sering wujud, seperti jarak, penggunaan pintu yang tidak sesuai, kemasan lantai, laluan bertekstur dan tanjakan masih tidak lengkap. Masalah tersebut telah menyebabkan pergerakan dan penglibatan pelajar dalam aktiviti sekolah terbatas berikutan pergerakan yang tidak di jangka, halangan kelajuan dan jarak serta keterbatasan penglihatan.

4. Tidak dinafikan bahawa majoriti pensyarah ialah golongan bukan OKU. Terdapat kemungkinan yang sebahagian daripada mereka kurang peka terhadap keperluan dan sensitiviti pengajaran dan pembelajaran yang bersesuaian dengan pelbagai kategori OKU.

5. Akses kepada pendidikan tinggi merupakan hak asasi semua warganegara Malaysia, termasuk pelajar OKU. Oleh itu, kejayaan pelaksanaan pendidikan inklusif bukan hanya bergantung pada kesedaran dan kefahaman terhadap keperluan pelajar OKU, tetapi juga memerlukan perasaan empati yang tinggi terutama dalam kalangan pentadbiran tertinggi.

6. Kecacatan bukan bermakna seseorang itu abnormal kerana kecacatan hanyalah sekadar perbezaan yang sememangnya wujud dalam kepelbagaian masyarakat seperti jantina, etnik, ras dan usia. Usaha menjernihkan persepsi masyarakat tentang konsep normal dan golongan OKU harus terus diteruskan supaya konsep keterangkuman sosial dapat diterjemahkan.

Teks B

Rohingya: Antara Impian dan Realiti

Isu pelarian Rohingya menjadi perhatian umum yang tidak ditangani dengan saksama jika tidak dilihat dalam semua aspek yang berkaitan dengannya secara menyeluruh. Bukan sahaja dilihat dari aspek kemanusiaan dan soal pelarian dengan pandangan selapis sahaja, tetapi aspek-aspek yang lain juga perlu dilihat dan wajib diberikan perhatian yang sewajarnya. Sejarahnya wajib diketahui kerana ia sangat berkait dengan isu kemasyarakatan, agama dan politik yang membelenggu kemakmuran dunia kini.

Sebelum kita mengupas lebih lanjut isu ini, kita perlu soroti semula sejarah masyarakat Rohingya itu sendiri. Myanmar mempunyai penduduk kira-kira 50 juta penduduk yang mana hampir 8 juta adalah orang Islam. Terdapat kira-kira 3.5 juta penduduk Islam yang tinggal di tempat-tempat perlindungan dan rumah masing-masing di Arakan yang majoritinya masyarakat Rohingya. Oleh kerana berlakunya penganiayaan besar-besaran melalui dasar pembersihan etnik dan tindakan pembunuhan terhadap mereka, terdapat kira-kira 1.5 juta Rohingya terpaksa meninggalkan negara sendiri dan rumah mereka sejak kemerdekaan Burma pada tahun 1948. Mereka ini kebanyakannya ditemui berada di Bangladesh, Pakistan, Arab Saudi, UAE, Thailand dan Malaysia. Sejak tahun 1990 hingga saat ini, kerajaan junta tentera Myanmar masih menerapkan politik diskriminasi terhadap suku-suku minoriti Muslim di Myanmar, termasuk Rohingya, Kokang dan Panthay.

Orang Rohingya menjadi pelarian adalah disebabkan faktor perlembagaan yang sering dipinda dan faktor pemerintahan yang kerap bertukar ganti. Bermula dengan Akta Warga Asing 1864 sehingga Undang-undang Kewarganegaraan Burma 1982 serta tidak mempunyai apa-apa peruntukan undang-undang jelas bagi orang Rohingya. Akta Kewarganegaraan Kesatuan 1948 yang digubal oleh British, juga menidakkan hak orang Rohingya untuk menjadi sebahagian daripada warganegara Myanmar. Semenjak Myanmar diperintah oleh rejim tentera yang merampas kuasa pemerintahan sivil U Nu pada tahun 1962, ia boleh dikatakan bermulanya bibit penafian secara keras mengenai kewarganegaraan orang Rohingya di Myanmar. Akta Imigresen 1974 yang dibentuk oleh kerajaan junta telah menafikan secara jelas hak orang Rohingya sebagai warganegara Myanmar yang sah dan mereka dilabelkan sebagai pendatang asing tanpa izin. Pada tahun 2014, kerajaan Myanmar melarang penggunaan istilah Rohingya dan mendaftarkan orang-orang Rohingya sebagai orang Bengali dalam bancian penduduk. Dapat dirumuskan bahawa, pada masa kini Myanmar telah menolak sepenuhnya etnik Rohingya ini bukan warganegaranya dan menegaskan mereka adalah warganegara Bangladesh.

Apa yang menjadi keutamaan bagi etnik Rohingya memilih destinasi adalah kebebasan beragama iaitu mereka boleh meraikan hari kebesaran dalam Islam dan melakukan ibadat tanpa sebarang ancaman. Lagipun penghijrahan pelarian etnik Rohingya ini adalah amat sukar untuk menyeberangi wilayah-wilayah Myanmar dengan menggunakan jalan darat dan melalui negara Thailand sebagai jalan utama untuk melarikan diri kerana banyak sekatan badan penguatkuasa dalam negara. Oleh itu, kebanyakan mereka akan tiba dengan bot-bot kecil di negara-negara Asia Tenggara seperti selatan Thailand, Indonesia dan Malaysia iaitu mengikut destinasi pilihan masing-masing sama ada dari Myanmar atau Bangladesh.

Sehubungan itu, isu pelarian Rohingya ini bukannya satu isu baharu ianya telah bermula sejak dahulu lagi. Malaysia mula menerima kehadiran awal pelarian Rohingya ini sejak tahun 1970-an. Berdasarkan statistik kehadiran pelarian Rohingya di Malaysia, jumlah ini pada masa kini dianggarkan lebih 200 000 orang iaitu jumlah terbesar di Asia Tenggara. Cuma segelintir daripada mereka memiliki kad Pesuruhjaya Tinggi Bangsa-Bangsa Bersatu (UNHCR) untuk pelarian bagi memudahkan kehidupan harian dan mencari rezeki. Kebanyakan orang Rohingya dianggap sebagai pendatang asing tanpa izin dan akan dihantar pulang secara berperingkat oleh kerajaan Malaysia. Kebanjiran pelarian Rohingya mencetuskan kerisauan dan kerumitan kerana ianya melibatkan isu rentas sempadan, keselamatan negara dan keselamatan manusia sama ada individu yang mendarat di perairan dan sempadan negara mahupun masyarakat tempatan yang sedang menjalani kehidupan seharian mereka. Pelbagai pandangan yang diberikan oleh pelbagai pihak dalam membicarakan isu berkaitan pelarian Rohingya dengan ada yang bersetuju dan ada yang tidak bersetuju dengan kehadiran pelarian Rohingya di Malaysia.

Menangani isu politik antarabangsa yang paling merumitkan antaranya adalah menguruskan pelarian yang meminta perlindungan selepas negara mereka musnah sama ada berlakunya peperangan, bencana alam atau faktor politik. Dalam menganalisis situasi ini menurut perspektif Malaysia, negara ini dikekangi dengan tiga perkara utama iaitu isu diplomasi, faktor perundangan dan faktor keselamatan.

Dari segi diplomasi, Malaysia merupakan negara ahli dalam Pertubuhan Negara-negara Berkecuali (NAM) yang antara tujuan asas penubuhannya adalah untuk tidak mencampuri urusan dalaman sesebuah negara yang berdaulat. Dalam isu Rohingya ini, Malaysia sebagai negara ahli dalam Pertubuhan ASEAN, adalah negara yang paling aktif secara diplomasi dalam menyuarakan pandangan dan solusi bagi menangani krisis pelarian Rohingya. Namun hubungan diplomatik Malaysia-Myanmar agak sedikit tegang apabila melibatkan isu Rohingya. Kerajaan Junta pernah mengemukakan bantahan kepada Malaysia agar tidak mencampuri urusan dalaman negara itu, juga pernah mengancam untuk menggantung penghantaran pekerja asing negara itu ke Malaysia sebagai simbolik membantah tindakan Malaysia. Lantaran itu, Malaysia memberikan beberapa solusi bagi menangani isu ini secara diplomasi. Cuma dalam konteks menjaga hubungan bilateral Malaysia-Myanmar juga diambil kira memandangkan negara itu merupakan antara negara penyumbang tenaga buruh di Malaysia bagi merancakkan pertumbuhan sektor pembinaan dan industri perkilangan.

Kekangan Malaysia dalam menangani isu pelarian Rohingya ini juga terbatas dengan adanya Konvensyen 1951 Berkaitan Status Orang Pelarian atau lebih dikenali sebagai Protokol 1967. Malaysia belum mampu beri hak istimewa kepada pelarian Rohingya disebabkan keterikatan sesebuah negara yang meratifikasikan konvensyen tersebut mestilah memenuhi hak-hak sebagaimana dinikmati oleh warganegara seperti akses berkerja, kemudahan hospital awam dan klinik kesihatan percuma, akses pendidikan di sekolah awam dan sebagainya kepada pelarian. Malaysia sehingga kini tidak menandatangani atau meratifikasikan semua protokol dalam konvensyen tersebut.

Sehubungan dengan faktor keselamatan, Malaysia pernah mendapat status lemah penguatkuasaan sempadan oleh pemerhati antarabangsa kerana telah menjadi negara transit bagi aktiviti lintas sempadan dan pemerdagangan manusia pada tahun 2015. Secara tidak langsung turut disenaraihitamkan sebagai sebuah negara yang berpotensi menjadi hab antarabangsa bagi aktiviti penyeludupan migran dan pemerdagangan manusia. Kekangan Malaysia dalam menangani isu ini kerana faktor geografi Malaysia yang terdedah dan terbuka sekali gus memberi peluang kepada penyeludup untuk membawa masuk pelarian Rohingya ke Malaysia. Kebanjiran golongan berkenaan di negara ini akan menyebabkan berlakunya pertembungan budaya selain penyumbang kepada peningkatan kegiatan jenayah.

Pelarian Rohingya perlu dibantu atas dasar kemanusian dan sebagai tanggungjawab bersama sesama manusia. Malaysia, ASEAN dan UNHCR perlu mewujudkan satu model yang berkesan dan bekerjasama dalam menangani isu ini dengan menyediakan pelan tindakan untuk menyelamatkan etnik Rohingya secara menyeluruh bagi melindungi nyawa, mengenal pasti keberadaan semasa mereka, mendapatkan statistik tepat jumlah mereka di negara transit dan berusaha keras dalam mendapatkan kerjasama dari pihak negara Myanmar sendiri. Jika isu ini tidak diselesaikan maka selagi itulah negara-negara ASEAN akan terus dibelenggu masalah jangka panjang bersifat berterusan melalui kebanjiran pelarian dari Myanmar.

PENERANGAN

1 **pelarian** 难民

Merujuk kepada Konvensyen Geneva 1951 berkaitan dengan status pelarian, seseorang pelarian merupakan orang yang berada di luar negara asalnya, mempunyai perasaan takut yang berasas atas sebab bangsa, agama, kewarganegaraan, pandangan politik atau keahlian dalam sesuatu kumpulan sosial dan disebabkan perasaan takut tersebut, mereka tidak dapat atau tidak sanggup mendapatkan perlindungan di negara itu.

2 **Pesuruhjaya Tinggi Bangsa-Bangsa Bersatu untuk Pelarian (Office of the United Nations High Commissioner for Refugees (UNHCR))** 联合国难民署

UNHCR merupakan agensi pelarian United Nations, ditubuhkan pada tahun 1951 untuk perlindungan antarabangsa dan penyelesaian kepada isu-isu pelarian. UNHCR beroperasi untuk melindungi hak pelarian, menggalakkan kesejahteraan mereka dan membantu dalam penyelesaian jangka lama.

3 **Konvensyen 1951 Berkaitan Status Orang Pelarian dan Protokol 1967** 联合国 1951 年《关于难民地位的公约》及 1967 年议定书

PERKATAAN BAHARU

saksama 合理的，恰当的；精密的，谨慎的	pertembungan 碰撞，会见
mengupas 分析，剖析	bertukar ganti 替代
menyoroti 照射在……上，严厉注视	merampas kuasa 夺权
menidakkan 否认	pendatang asing tanpa izin 非法移民
penafian 否认，拒绝	bancian penduduk 人口普查
kebanjiran 泛滥，充满，充斥	isu rentas sempadan 跨境问题
menyenaraihitamkan 列入黑名单	Pertubuhan Negara-negara Berkecuali 不结盟运动

LATIHAN

I **Menjawab soalan pemahaman di bawah.**

1. Mengapa kaum Rohingya meninggalkan negara sendiri dan rumah mereka sejak kemerdekaan Burma pada tahun 1948? Apa punca menyebabkan orang Rohingya menjadi pelarian?

2. Bagaimana orang Rohingya lari dari Myanmar dan tiba di negara-negara Asia Tenggara?

3. Apa keadaan semasa pelarian Rohingya di Malaysia? Apa kesannya kebanjiran pelarian Rohingya di Malaysia?

4. Apa kekangan dihadapi oleh pihak Malaysia bagi menangani isu pelarian Rohingya?

5. Pada pendapat anda, bagaimana krisis pelarian Rohingya ditangani dari perspektif ASEAN?

II **Menterjemahkan ayat-ayat di bawah kepada Bahasa Mandarin.**

1. Apa yang menjadi keutamaan bagi etnik Rohingya memilih destinasi adalah kebebasan beragama iaitu mereka boleh meraikan hari kebesaran dalam Islam dan melakukan ibadat tanpa sebarang ancaman. Lagipun penghijrahan pelarian etnik Rohingya ini adalah amat sukar untuk menyeberangi wilayah-wilayah Myanmar dengan menggunakan jalan darat dan melalui negara Thailand sebagai jalan utama untuk melarikan diri kerana banyak sekatan badan penguatkuasa dalam negara.

2. Kebanjiran pelarian Rohingya mencetuskan kerisauan dan kerumitan kerana ianya melibatkan isu rentas sempadan, keselamatan negara dan keselamatan manusia sama ada individu yang mendarat di perairan dan sempadan negara mahupun masyarakat tempatan yang sedang menjalani kehidupan seharian mereka.

3. Menangani isu politik antarabangsa yang paling merumitkan antaranya ialah menguruskan pelarian yang meminta perlindungan selepas negara mereka musnah sama ada berlakunya peperangan, bencana alam atau faktor politik. Kerajaan Junta pernah mengemukakan bantahan kepada Malaysia agar tidak mencampuri urusan dalaman negara itu, juga pernah mengancam untuk menggantung penghantaran pekerja asing negara itu ke Malaysia sebagai simbolik membantah tindakan Malaysia.

4. Cuma dalam konteks menjaga hubungan bilateral Malaysia-Myanmar juga diambil

kira memandangkan negara itu merupakan antara negara penyumbang tenaga buruh di Malaysia bagi merancakkan pertumbuhan sektor pembinaan dan industri perkilangan.

5. Malaysia belum mampu beri hak istimewa kepada pelarian Rohingya disebabkan keterikatan sesebuah negara yang meratifikasikan konvensyen tersebut mestilah memenuhi hak-hak sebagaimana dinikmati oleh warganegara seperti akses berkerja, kemudahan hospital awam dan klinik kesihatan percuma, akses pendidikan di sekolah awam dan sebagainya kepada pelarian.

6. Sehubungan dengan faktor keselamatan, Malaysia pernah mendapat status lemah penguatkuasaan sempadan oleh pemerhati antarabangsa kerana telah menjadi negara transit bagi aktiviti lintas sempadan dan pemerdagangan manusia pada tahun 2015. Secara tidak langsung turut disenarai hitamkan sebagai sebuah negara yang berpotensi menjadi hab antarabangsa bagi aktiviti penyeludupan migran dan pemerdagangan manusia.

Ⅲ Sila rumuskan Teks B yang panjangnya tidak melebihi 100 patah perkataan.

Teks A

Menangani Ketidaksamaan Isi Rumah Rakyat Malaysia

Objektif kedua Wawasan Kemakmuran Bersama 2030 (WKB 2030) yang dilancarkan oleh kerajaan pada 5 Oktober 2019 jelas menyatakan tentang isu menangani jurang kekayaan dan pendapatan rakyat Malaysia. Dalam hal ini, menangani ketidaksamaan menjadi isu pokok bagi mencapai aspirasi melaksanakan pengagihan kekayaan ekonomi negara secara adil, saksama dan inklusif dalam kalangan rakyat Malaysia.

Isu jurang kekayaan dan pendapatan rakyat Malaysia bukanlah isu baharu. Ini isu lama yang masih lagi relevan dalam suasana ekonomi negara yang berubah-ubah dengan pantasnya berbanding dengan era Dasar Ekonomi Baru (DEB). Aspek menangani jurang kekayaan dan pendapatan rakyat Malaysia menjadi pasak utama dari sudut ekonomi rakyat Malaysia. Di samping itu, tekanan kos sara hidup rakyat Malaysia yang semakin meningkat jelas menunjukkan kuasa beli rakyat Malaysia tidak boleh dipinggirkan dalam menangani jurang kekayaan dan pendapatan rakyat Malaysia.

Dengan kebelakangan ini, Jabatan Perangkaan Malaysia telah mengeluarkan dapatan soal selidik pendapatan isi rumah rakyat Malaysia bagi tahun 2019. Golongan isi rumah berpendapatan rendah yang diklasifikasikan sebagai B40 kini berada pada had pendapatan maksimum RM 4850 manakala had pendapatan maksimum golongan isi rumah berpendapatan sederhana pula berada pada pendapatan yang lebih tinggi berbanding dengan sebelum ini, iaitu RM 10 970. Golongan isi rumah yang berpendapatan RM 2500 dan ke bawah dikira sebagai golongan isi rumah berpendapatan terendah atau lebih dikenali sebagai B10. Peningkatan pendapatan isi rumah berdasarkan tiga kategori besar ini iaitu berpendapatan rendah (B40), sederhana (M40) dan tinggi (T20) dibuat berdasarkan senario semasa ekonomi negara dan rakyat Malaysia.

Pendapatan isi rumah berjumlah RM 2500 dan ke bawah sememangnya tidak mencukupi bagi mereka yang menetap di bandar besar, seperti Kuala Lumpur dan Pulau Pinang. Mengambil kira kos untuk membeli mahupun menyewa rumah di kawasan tersebut pun sudah jelas menggambarkan kos sara hidup yang tinggi bagi mereka yang menetap di bandar besar. Kesannya, isi rumah yang berpendapatan RM 2500 pun sukar untuk menjalani kehidupan yang selesa di kawasan tersebut. Maka, tidak menghairankanlah jika takrifan kategori pendapatan isi rumah pada tahun 2019 menunjukkan peningkatan pendapatan bagi memberikan gambaran keadaan semasa ekonomi dan kewangan rakyat Malaysia.

Takrifan ini tidak sewajarnya dipengaruhi oleh aspek pendapatan semata-mata. Hal ini dikatakan demikian kerana takrifan berdasarkan pendapatan semata-mata tidak menunjukkan ketidaksamaan isi rumah secara menyeluruh. Misalnya, aspek ketidaksamaan pendapatan ini perlulah dilihat dalam skop yang lebih luas dan menyeluruh melibatkan kesihatan dan pendidikan. Mungkin sahaja mereka yang dikategorikan sebagai golongan berpendapatan rendah B40 lebih menghadapi masalah dari sudut pendidikan oleh sebab akses pendidikan yang berkualiti tinggi agak rendah. Sebagai contoh, capaian internet di tempat tinggal golongan ini (di kawasan luar bandar) lebih rendah berbanding dengan capaian internet di bandar. Dengan pendapatan isi rumah sebanyak RM 4800 mungkin sahaja mencukupi bagi golongan ini untuk hidup secara bersederhana di kawasan luar bandar. Namun begitu, isu

ketidaksamaan pendidikan lebih menekan mereka sehingga menyebabkan kualiti kehidupan golongan ini lebih rendah berbanding dengan golongan yang menetap di bandar besar. Di samping itu, kualiti kemudahan lain terutamanya jumlah guru berprestasi tinggi yang berada di kawasan luar bandar juga cukup penting bagi membolehkan pelajar menimba ilmu dengan lebih baik dan mengetahui selok-belok sesuatu subjek yang dipelajari. Hal ini tidak termasuk peluang untuk pelajar luar bandar memiliki kemahiran berkomunikasi dengan lebih yakin yang perlu ditingkatkan lagi agar mereka ini sebaris dengan pelajar yang menerima sistem pembelajaran di kawasan bandar besar.

Ketidaksamaan inilah yang akan merugikan golongan isi rumah berpendapatan rendah yang sememangnya amat memerlukan sistem pembelajaran yang berkualiti tinggi bagi membolehkan mereka memperoleh akses pendidikan yang terbaik. Mana mungkin prestasi mereka dapat dibandingkan dengan pelajar yang menetap di bandar besar kerana ketidaksamaan inilah yang meningkatkan lagi jurang pendidikan mereka.

Tidak terkecuali dalam hal kesihatan, termasuklah dalam aspek pemakanan yang sihat dan berkhasiat bagi membolehkan golongan luar bandar mahupun mereka yang dikategorikan sebagai miskin bandar memiliki kesihatan yang baik. Makanan yang berkhasiat amat penting bagi menjamin otak yang cerdas agar anak-anak luar bandar mahupun miskin bandar dapat menerima ilmu dengan mudah. Jarang-jarang sekali aspek ini diberikan penekanan berbanding dengan penekanan tentang jurang kekayaan dan pendapatan semata-mata.

Ketidaksamaan juga merangkumi ketidaksamaan gender ekoran masih kurang golongan wanita yang bekerja dalam sektor utama negara dan berada pada peringkat tertinggi. Meskipun kerajaan bertungkus lumus untuk mengurangkan jurang ketidaksamaan gender, namun masih banyak lagi perkara yang boleh ditambah baik kerana banyak graduan universiti terdiri daripada golongan wanita. Mereka ini perlu diberikan peluang yang luas, misalnya mendapat tempat yang sesuai dengan kerjaya mereka dan pada masa yang sama berpeluang untuk dinaikkan pangkat sehingga peringkat tertinggi dalam mana-mana organisasi mahupun perniagaan. Dalam hal ini, sebarang pelantikan dan peluang yang diberikan tidak hanya mencukupkan kuota untuk wanita semata-mata kerana pelantikan sebegini tidak berdasarkan merit yang boleh menjejaskan agenda kerajaan untuk memperkasakan golongan wanita dalam apa-apa juga bidang ekonomi yang selama ini dikuasai oleh lelaki.

Kesesuaian pekerjaan dan pada masa yang sama tidak sesekali berkompromi dengan isu merit seseorang wanita akan melonjakkan penguasaan wanita dalam bidang yang selama ini jarang-jarang sekali ditembusi oleh mereka. Hal ini sekali gus akan menangani ketidaksamaan golongan wanita, maka secara tidak langsung memberikan peluang kepada mereka untuk meningkatkan ekonomi isi rumah masing-masing.

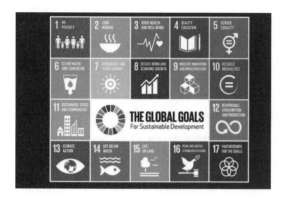

Ketidaksamaan ini bukanlah hanya dinyatakan dalam WKB 2030, tetapi juga dijadikan sebagai satu daripada Matlamat Pembangunan Mampan (SDG). Lebih khusus lagi, SDG 10 memberikan penekanan bagi mengurangkan ketidaksamaan bukan setakat pada peringkat negara tetapi juga pada peringkat global. Ketidaksamaan pada peringkat Malaysia perlu juga merentasi kaum. Dalam hal ini, ketidaksamaan bukan hanya melibatkan antara kaum tetapi juga dalam sesuatu kaum itu sendiri. Misalnya, kekayaan tidak hanya dikuasai oleh golongan elit bagi sesuatu kaum sehingga meminggirkan kebanyakan kaum itu sendiri. Ketidaksamaan inilah yang akan menyebabkan pelbagai isu lain berlaku, seperti gelandangan, penagihan dadah dan peningkatan kes ragut yang mengundang bahaya kepada masyarakat umum. Sudah tentulah jalan penyelesaian jangka masa panjang perlu dilaksanakan agar ketidaksamaan ini dapat ditangani secara berkesan. Antara strategi paling ampuh yang wajar dilaksanakan adalah dengan mewujudkan sistem pendidikan yang berkualiti untuk semua pihak tidak kira yang kaya atau miskin mahupun yang menetap di bandar ataupun di luar bandar. Sistem pendidikan yang berkualiti untuk semua murid dan pelajar boleh menjadikan setiap daripada mereka bersaing secara sihat dan adil. Dengan kata lain, tiada lagi murid atau pelajar yang tidak memperoleh keputusan yang cemerlang dalam peperiksaan terutamanya peperiksaan awam seperti Sijil Pelajaran Malaysia hanya kerana wujudnya isu ketidaksamaan yang membantutkan persaingan secara sihat dan adil antara mereka.

Strategi seterusnya adalah dengan memastikan inovasi dan kemahiran tinggi bukan sebagai pilihan tetapi perkara yang wajib bagi setiap rakyat Malaysia supaya mereka dapat melahirkan dan melaksanakan idea yang menjana pendapatan yang lebih tinggi. Malah, strategi ini jugalah yang akan mengurangkan ketidaksamaan dengan membolehkan inovasi terkini menyelesaikan pelbagai isu ketidaksamaan dalam kalangan rakyat Malaysia. Misalnya, mencipta lebih banyak peluang pekerjaan yang bersesuaian dengan wanita agar mereka mampu bukan setakat menjana pendapatan yang tinggi, tetapi juga berada sebaris dengan lelaki.

Strategi terakhir yang boleh dilaksanakan oleh kerajaan adalah dengan menyediakan bantuan bersasar dalam tempoh jangka masa panjang yang bukan hanya melibatkan wang ringgit tetapi juga dalam aspek pemantauan dan penambahbaikan sesuatu program sehinggalah golongan yang kurang bernasib baik berjaya keluar daripada isu ketidaksamaan ini. Bantuan bersasar dalam tempoh jangka masa panjang perlu dilaksanakan tanpa sebarang ketirisan agar program untuk mengurangkan ketidaksamaan ini benar-benar berjaya melibatkan golongan yang sepatutnya dibantu. Oleh itu, kerajaan perlu mengkaji dan melihat semula program terdahulu sebagai panduan untuk menangani isu ketidaksamaan dalam kalangan rakyat Malaysia.

Yang pastinya, dengan kerjasama yang utuh melibatkan semua pihak seiring dengan tindakan yang benar-benar serius, adil dan sistematik, maka objektif kedua WKB 2030 ini mampu dicapai sejajar dengan aspirasi SDG 10 untuk memanfaatkan rakyat Malaysia secara keseluruhannya.

PENERANGAN

1 **Wawasan Kemakmuran Bersama 2030 (WKB 2030)** 马来西亚2030共同繁荣愿景

Wawasan Kemakmuran Bersama (WKB) 2030 telah dilancarkan oleh Tun Dr Mahathir Mohamad pada 5 Oktober 2019 dan merupakan hala tuju ekonomi negara bagi tempoh 10 tahun bermula 2021 sehingga 2030, juga kesinambungan daripada Wawasan 2020 yang dikeluarkan tiga tekad yang lalu. Wawasan adalah iltizam untuk menjadikan Malaysia sebagai sebuah negara yang terus membangun secara mampan seiring dengan pengagihan ekonomi yang adil, saksama dan inklusif pada semua peringkat kumpulan pendapatan, etnik, wilayah dan rantaian bekalan.

2 **Matlamat Pembangunan Mampan (SDG)** 联合国可持续发展目标

Matlamat Pembangunan Mampan atau dikenali dengan Sustainable Development Goals (SDG) adalah agenda yang dibawa semasa Perhimpunan Agung Pertubuhan Bangsa-Bangsa Bersatu sejak awal 2015. Resolusi ini telah dilakukan sebagai perjanjian antara kerajaan daripada 193 negara untuk mencapai resolusi bersama "Mengubah Dunia Kita: Agenda 2030 untuk Pembangunan Mampan". Agenda ini meliputi penyelesaian ke atas isu pembangunan sosial dan ekonomi termasuk kemiskinan, kelaparan, kesihatan, pendidikan, pemanasan global, air, sanitasi, tenaga, urbanisasi, alam sekitar dan keadilan sosial.

3 Sijil Pelajaran Malaysia 马来西亚教育文凭

Sijil Pelajaran Malaysia atau SPM merupakan ujian terakhir pendidikan menengah atas yang dianjurkan oleh Lembaga Peperiksaan Malaysia. SPM merupakan syarat untuk pelajar di Malaysia untuk menyambung pelajaran ke peringkat pra-universiti. Pelajar mempunyai pilihan sama ada untuk mengambil Sijil Tinggi Persekolahan Malaysia (STPM), Matrikulasi, kursus asas universiti atau kursus luar negara.

jurang 山谷，峡谷；鸿沟

saksama 公正的，无私的；合理的，恰当的

pasak 木楔；螺栓

kuota 配额

merit 优点；功绩

berkompromi 妥协，协商

gelandangan 工作不定，居无定所

ketirisan 漏水，泄露

soal selidik 问卷

selok-belok 互相联系，关系

bertungkus lumus 苦干，克勤克俭

Jabatan Perangkaan Malaysia 马来西亚统计局

I Menjawab soalan pemahaman di bawah.

1. Apakah dapatan soal selidik pendapatan isi rumah rakyat Malaysia bagi tahun 2019? Apa yang kita dapati dari hasil soal selidik ini?

2. Mengapakah dikatakan bahawa takrif kategori pendapatan isi rumah pada tahun 2019 tidak dipengaruhi oleh aspek pendapatan semata-mata?

3. Dalam konteks ini, penulis berpendapat bahawa aspek ketidaksamaan pendapatan ini perlulah dilihat dalam skop yang lebih luas dan menyeluruh, apa skop tersebut?

4. Apa tindakan boleh diambil oleh pihak kerajaan untuk mengurangkan jurang

ketidaksamaan gender?

5. Apakah takrif Sistem Kuota untuk etnik Melayu dan kaum bumiputera?

6. Menurut penulis, apa jalan penyelesaian jangka masa panjang perlu dilaksanakan untuk menangani ketidaksamaan ini secara berkesan? Apa saranan anda terhadap penyelesaian isu ketidaksamaan ini?

Ⅱ Menterjemahkan ayat-ayat di bawah kepada bahasa Mandarin.

1. Di samping itu, tekanan kos sara hidup rakyat Malaysia yang semakin meningkat jelas menunjukkan kuasa beli rakyat Malaysia tidak boleh dipinggirkan dalam menangani jurang kekayaan dan pendapatan rakyat Malaysia.

2. Maka, tidak menghairankanlah jika takrifan kategori pendapatan isi rumah pada tahun 2019 menunjukkan peningkatan pendapatan bagi memberikan gambaran keadaan semasa ekonomi dan kewangan rakyat Malaysia.

3. Di samping itu, kualiti kemudahan lain terutamanya jumlah guru berprestasi tinggi yang berada di kawasan luar bandar juga cukup penting bagi membolehkan pelajar menimba ilmu dengan lebih baik dan mengetahui selok-belok sesuatu subjek yang dipelajari.

4. Dalam hal ini, sebarang pelantikan dan peluang yang diberikan tidak hanya mencukupkan kuota untuk wanita semata-mata kerana pelantikan sebegini tidak berdasarkan merit yang boleh menjejaskan agenda kerajaan untuk memperkasakan golongan wanita dalam apa-apa juga bidang ekonomi yang selama ini dikuasai oleh lelaki.

5. Strategi terakhir yang boleh dilaksanakan oleh kerajaan adalah dengan menyediakan bantuan bersasar dalam tempoh jangka masa panjang yang bukan hanya melibatkan wang ringgit tetapi juga dalam aspek pemantauan dan penambahbaikan sesuatu program sehinggalah golongan yang kurang bernasib baik berjaya keluar daripada isu ketidaksamaan ini.

Universiti: Antara Peranan Tradisi dengan Cabaran Baharu

Universiti mempunyai peranan besar dalam kemajuan ilmu dan pembinaan tamadun sesebuah negara bangsa. Di universiti itulah berkumpulnya para sarjana dan golongan cerdik pandai di sesebuah negara, membangunkan tradisi kemajuan ilmu dan mendidik generasi baharu.

Dalam tempoh tiga atau empat tahun berada di universiti, umumnya seseorang mahasiswa akan mendapat ijazah sarjana muda dalam bidang masing-masing. Mahasiswa universiti adalah sekumpulan kecil daripada seluruh penduduk yang mencapai tahap tertentu dalam tapisan peperiksaan sistem pendidikan bagi melayakkan mereka diterima masuk ke universiti.

Dalam konteks Malaysia, mereka yang berjaya menyambung pelajaran ke peringkat universiti terdiri daripada pelajar yang lulus cemerlang dalam STPM atau sijil matrikulasi, asasi sains atau yang telah mencapai kejayaan cemerlang pada peringkat diploma. Dengan didikan dan dorongan para pensyarah dan profesor di universiti, kumpulan ini mendapat ijazah dalam bidang masing-masing. Bagi yang cemerlang, keputusan ijazah sarjana muda tersebut akan terpilih bagi meneruskan pengajian ke peringkat sarjana dan ijazah doktor falsafah (PhD).

Apakah peranan utama sesebuah universiti dan cabaran baharu yang dihadapi kini? Apakah peranan utama sesebuah universiti secara tradisinya? Adakah cabaran baharu yang dihadapi kini, bertembung dengan peranan tradisi di sesebuah universiti? Ketiga-tiga persoalan ini saling berkaitan dan mempunyai hubungan yang rapat antara satu sama lain.

Apakah peranan utama sesebuah universiti secara tradisinya? Secara tradisinya, peranan utama sesebuah universiti adalah bagi memajukan dan mengembangkan ilmu berdasarkan disiplin dan pengkhususan peringkat tinggi. Mahasiswa merupakan golongan yang terpilih dengan mempunyai syarat serta memenuhi tahap pencapaian tertentu dalam sesuatu bidang atau disiplin tertentu. Mereka juga mempunyai minat mendalam

terhadap disiplin ilmu yang dipilih. Tanpa tahap tertentu serta minat dalam mana-mana disiplin ilmu yang dipilih, adalah sukar bagi seseorang mahasiswa untuk berjaya sehingga ke puncak, iaitu dengan menggenggam segulung ijazah. Mahasiswa dilatih dan dididik oleh para pensyarah atau profesor yang mempunyai tahap ilmu dan pengkhususan yang tinggi dalam disiplin masing-masing. Untuk sampai ke tahap lulus dan mendapat ijazah sarjana muda, seseorang mahasiswa perlu mengikuti pelbagai pendekatan dan tradisi ilmu daripada para pensyarah dan profesor yang mendidiknya. Dengan kepelbagaian latar belakang para pensyarah, seseorang mahasiswa itu mendapati ilmu dalam bidangnya dengan meluas dan falsafah yang pelbagai. Sikap keterbukaan dan pemikiran seseorang mahasiswa itu semakin luas dengan pandangan daripada berbagai-bagai tradisi ilmu dan pengalaman serta kelayakan pensyarah yang pelbagai.

Perkembangan ilmu tidak hanya terhenti dengan ijazah PhD yang dimiliki oleh para pensyarah universiti, penyelidikan dalam pelbagai bentuk telah sebati dengan tugas dan kerjaya seorang pensyarah. Perkara ini adalah mustahil bagi seseorang pensyarah tidak melakukan penyelidikan. Tanpa penyelidikan, ilmunya akan menjadi beku dan tidak berkembang. Tafsiran penyelidikan itu pula luas sifatnya dan berbeza antara satu bidang dengan bidang yang lain. Misalnya, antara bidang sains sosial dengan ilmu kemanusiaan dan bidang sains tulen dengan sains gunaan mempunyai perbezaan yang besar. Hal ini tidak boleh disamakan dalam semua bidang, khususnya antara sains tulen dengan bukan sains tulen. Bahkan dalam bidang sains sosial dan kemanusiaan pun terdapat perbezaan tertentu. Menyamaratakan bidang kajian bagi semua disiplin merupakan pandangan yang tidak berasas.

Walau apa-apa pun kelayakan seseorang pensyarah serta penyelidikan yang dilakukan dalam bidang masing-masing, namun hal yang dilakukan itu adalah untuk meningkatkan mutu kuliah dan pengajaran terhadap mahasiswa. Hasil daripada kuliah yang berkualiti dan berkesan itu melahirkan para mahasiswa yang benar-benar faham dalam bidang ilmu masing-masing. Dengan pemahaman secara falsafah ini, mahasiswa dan graduan itu akan dapat membina dan mengaplikasikan ilmu yang dipelajari di universiti bagi kemajuan diri dan bangsanya. Inilah sumbangan dan peranan besar universiti secara tradisi bagi pembangunan dan tamadun sesebuah bangsa.

Sekiranya pemahaman ilmu secara mendalam tidak berlaku dalam kuliah yang disampaikan, mahasiswa yang dilahirkan akan gagal mencapai matlamat asas dan tradisi di sesebuah universiti. Cemerlang atau tidak sesebuah universiti itu bukan dilihat dari bangunan fizikal yang besar dan tersergam indah, tetapi aspek yang jauh lebih penting termasuklah nilai kematangan ilmu para pensyarah dan profesornya serta kesan penyampaian kepada para mahasiswa yang dihasilkan oleh universiti tersebut. Penyelidikan yang besar dan penerbitan bertaraf antarabangsa tidak bermakna jika penyelidikan tersebut gagal diterjemahkan melalui peningkatan ilmu para profesor dan menambah kesan positif terhadap kuliah para mahasiswanya. Matlamat akhir ialah aspek pengembangan ilmu dan kesan kepada pembinaan tamadun bangsa.

Pengajaran dan pembelajaran merupakan aspek yang paling penting di sesebuah universiti. Ilmu asas bagi mahasiswa pada peringkat sarjana muda menjadi asas yang penting untuk ke peringkat seterusnya, iaitu sarjana dan ijazah kedoktoran. Mengurangkan jumlah mahasiswa peringkat ijazah pertama dan menganggap peringkat ini tidak penting adalah kurang tepat. Tanpa pemahaman yang benar-benar kukuh, sesuatu disiplin ilmu pada tahap ijazah pertama adalah sukar untuk mendapat pencapaian cemerlang pada peringkat sarjana dan ijazah doktor falsafah.

Apakah cabaran baharu yang dihadapi oleh universiti kini? Mulai awal tahun 2000, khususnya selepas tahun 2003, universiti-universiti di Malaysia dan juga kebanyakan universiti di negara sedang membangun mula dikaitkan dengan penarafan antarabangsa. Apakah kedudukan sesebuah universiti itu pada peringkat antarabangsa? Adakah universiti tersebut termasuk dalam senarai 100 buah universiti terbaik dunia? Maka berbanggalah universiti itu jika termasuk dalam senarai tersebut. Persoalan yang perlu difikirkan termasuklah, apakah kesannya kepada pembinaan mahasiswa dan pembangunan tamadun bangsa dan negara apabila sesebuah universiti kita tergolong dalam 100 buah universiti

terbaik dunia? Berapakah nilai ringgit yang terpaksa dibelanjakan dalam usaha dan proses menaikkan penarafan universiti itu? Adakah usaha-usaha ke arah peningkatan penarafan itu tidak menjejaskan peranan asas dan tradisi universiti kita kepada anak bangsa? Hal ini merupakan antara cabaran baharu universiti kini. Usaha peningkatan penarafan ini mempunyai hubungan dan kesan yang besar terhadap sesebuah universiti dan kakitangannya.

Peranan dan tugas pensyarah dan kakitangan pentadbiran telah berubah. Persoalan seperti pensyarah dan penilaian rakan sebidang pada peringkat antarabangsa, nisbah bilangan antara pensyarah dan mahasiswa, rujukan dan bilangan penerbitan khususnya artikel dalam jurnal berimpak tinggi, jumlah dana penyelidikan yang bersifat kebangsaan dan antarabangsa, bilangan kakitangan asing, khususnya pensyarah atau profesor asing, bilangan mahasiswa asing dalam universiti tempatan dan kriteria-kriteria lain yang seumpamanya menjadi satu perkara yang semakin penting.

Dana penyelidikan dan jumlah penerbitan artikel dalam jurnal berimpak tinggi seolah-olah dilihat sebagai kriteria yang lebih utama berbanding dengan kaedah pengajaran dan pembelajaran yang dianggap semua orang boleh, walaupun pada hakikatnya tidak sebegitu. Peningkatan kuliah perlu ditambah baik dengan pembacaan yang lebih mendalam dan penyelidikan yang lebih meluas. Melalui situasi yang berlaku kini, sesetengah pensyarah menyampaikan kuliah sambil lewa dan memberikan perhatian yang lebih kepada penyelidikan dan tumpuan penerbitan artikel. Hal ini merupakan antara cabaran baharu terhadap universiti yang akan memberikan kesan jangka panjang walaupun tidak dapat dilihat secara jelas dalam jangka pendek.

Adakah cabaran baharu yang dihadapi kini bertembung dengan peranan tradisi di sesebuah universiti? Cabaran baharu yang sedang berlaku, sebenarnya mempunyai pertembungan secara tidak langsung dengan peranan tradisi sesebuah universiti. Perkara ini tidak dapat dilihat dengan jelas dalam jangka pendek secara nyata. Usaha meningkatkan penarafan universiti bukanlah sesuatu yang buruk sepenuhnya. Sebaliknya, harus dilihat dengan keupayaan kita tanpa mengorbankan peranan asas universiti secara tradisi. Mana mungkin kita dapat bersaing dengan universiti terkemuka yang mempunyai sejarah latar belakang dan falsafah ilmu yang jauh lebih tinggi.

Peranan dan tradisi asas universiti perlu difikirkan dengan mendalam dan jangan sekali-kali dipandang remeh. Perkembangan baharu dan penarafan antarabangsa tidak boleh dikesampingkan, tetapi mesti dilakukan dengan acuan kita serta memerlukan proses jangka panjang. Teras dan asas kepada universiti kita ialah budaya ilmu yang sebenar, bukan dengan angka, selain ditambah dengan roh kesedaran budaya dan kebebasan akademik dengan penghayatan ikhlas untuk jangka panjang. Cabaran baharu ini perlu disesuaikan dengan peranan asas yang menjadi tradisi universiti.

PENERANGAN

1 Sijil Tinggi Persekolahan Malaysia (STPM) 马来西亚高等教育文凭

Sijil Tinggi Persekolahan Malaysia (STPM) atau Malaysian Higher School Certificate dalam bahasa Inggeris merupakan peperiksaan prauniversiti yang diduduki oleh pelajar Malaysia. STPM disediakan oleh Majlis Peperiksaan Malaysia (MPM). STPM adalah salah satu daripada dua sistem prauniversiti yang utama untuk kemasukan universiti awam Malaysia. Sistem yang lain pula adalah Program Matrikulasi yang dianjurkan oleh KPM. STPM diiktiraf oleh tiap universiti di peringkat antarabangsa, terutamanya universiti di negara-negara Komanwel dan juga Amerika Syarikat, Ireland dan Australia. Kebanyakan universiti menganggap keputusan STPM sama dengan A-level.

2 Program Matrikulasi 马来西亚国立大学预科班课程

Program Matrikulasi dikenalkan selepas kuota kemasukan universiti awam yang berdasarkan kaum dimansuhkan pada tahun 1998. Ia merupakan satu program persediaan bagi lepasan SPM (90% Bumiputera) untuk melayakkan mereka melanjutkan pelajaran ke peringkat ijazah pertama dalam bidang sains, teknologi dan sastera ikhtisas ke Institusi Pengajian Tinggi (IPT) dalam dan luar negara.

3 Program Asasi 马来西亚国立大学基础班课程

Program Asasi yang juga dikenali sebagai Foundation merupakan peringkat pengajian yang dibuka kepada pelajar lepasan SPM. Selain itu, pelajar juga layak untuk memohon program Matrikulasi yang menawarkan tempoh pengajian yang sama di Asasi iaitu selama 1 atau 2 tahun. Program Asasi dikendalikan oleh universiti yang berkenaan di bawah Kementerian Pengajian Tinggi dan terbahagi kepada beberapa jurusan yang khusus seperti Asasi Undang-undang (LAW), Asasi Kejuruteraan (Kejuruteraan), Asasi TESL (Pengajaran Bahasa Inggeris sebagai Bahasa Kedua), Asasi Sains (Sains).

4 Program Diploma 马来西亚专科课程

Program diploma direka untuk pelajar yang tidak berjaya dalam peperiksaan SPM dan hanya dapat 3 atau 4 kredit. Kursus diploma adalah setara dengan tahun pertama ijazah universiti dan merupakan tahap di bawah ijazah sarjana muda. Ia menekankan pengetahuan dan kebolehan praktikal dan khusus sektor. Pengajian diploma termasuk kursus berasaskan teori dan praktikal seperti pendidikan awal kanak-kanak, perakaunan dan pentadbiran perniagaan dan sebagainya. Biasanya, diploma menjangkau antara 24 dan 36 bulan. Selepas mendapat sijil diploma, graduan boleh sambung belajar untuk ijazah berkaitan di Tahun 2.

LATIHAN

I Menjawab soalan pemahaman di bawah.

1. Apakah peranan utama sesebuah universiti secara tradisinya?

2. Apakah matlamat terakhir sesebuah universiti? Bagaimana sesebuah universiti mencapai matlamat tersebut?

3. Pada pendapat pengarang, apakah sumbangan dan peranan besar universiti secara tradisi bagi pembangunan dan tamadun sesebuah bangsa?

4. Apakah cabaran baharu yang dihadapi kini, bertembung dengan peranan tradisi di sesebuah universiti?

5. Apa kesan usaha ke arah peningkatan penarafan universiti terhadap sesebuah universiti dan kakitangannya?

II Menterjemahkan ayat-ayat di bawah kepada bahasa Mandarin.

1. Secara tradisinya, peranan utama sesebuah universiti adalah bagi memajukan dan mengembangkan ilmu berdasarkan disiplin dan pengkhususan peringkat tinggi. Mahasiswa merupakan golongan yang terpilih dengan mempunyai syarat serta memenuhi tahap pencapaian tertentu dalam sesuatu bidang atau disiplin tertentu.

2. Dengan kepelbagaian latar belakang para pensyarah, seseorang mahasiswa itu mendapati ilmu dalam bidangnya dengan meluas dan falsafah yang pelbagai. Sikap keterbukaan dan pemikiran seseorang mahasiswa itu semakin luas dengan pandangan daripada berbagai-bagai tradisi ilmu dan pengalaman serta kelayakan pensyarah yang pelbagai.

3. Cemerlang atau tidak sesebuah universiti itu bukan dilihat dari bangunan fizikal yang besar dan tersergam indah, tetapi aspek yang jauh lebih penting termasuklah nilai kematangan ilmu para pensyarah dan profesornya serta kesan penyampaian kepada

para mahasiswa yang dihasilkan oleh universiti tersebut.

4. Persoalan seperti pensyarah dan penilaian rakan sebidang pada peringkat antarabangsa, nisbah bilangan antara pensyarah dan mahasiswa, rujukan dan bilangan penerbitan khususnya artikel dalam jurnal berimpak tinggi, jumlah dana penyelidikan yang bersifat kebangsaan dan antarabangsa, bilangan kakitangan asing, khususnya pensyarah atau profesor asing, bilangan mahasiswa asing dalam universiti tempatan dan kriteria-kriteria lain yang seumpamanya menjadi satu perkara yang semakin penting.

5. Teras dan asas kepada universiti kita ialah budaya ilmu yang sebenar, bukan dengan angka, selain ditambah dengan roh kesedaran budaya dan kebebasan akademik dengan penghayatan ikhlas untuk jangka panjang.

Ⅲ Sila rumuskan karangan yang panjangnya tidak melebihi 100 patah perkataan.

PELAJARAN *16*

Cabaran Keselamatan ASEAN

Sejak penubuhan Pertubuhan Negara-negara Asia Tenggara (ASEAN) pada 8 Ogos 1967, pelbagai cabaran keselamatan telah dihadapi dan ditangani. Fokus keselamatan pada awal penubuhan ASEAN lebih tertumpu kepada pertembungan ideologi antara Kesatuan Soviet dengan Amerika Syarikat ketika Perang Dingin. Kedua-dua kuasa besar tersebut berlumba-lumba untuk menjadi kuasa hegemoni dunia. Dalam hal ini, rantau Asia Tenggara juga tidak ketinggalan menghadapi kehangatan Perang Dingin apabila berlakunya perang proksi di Indo-China (Vietnam, Laos dan Kemboja). Pada masa yang sama, gerakan parti komunis di wilayah Asia Tenggara juga bergerak aktif untuk menubuhkan negara bercorakkan fahaman komunis.

Apabila tamat Perang Dingin, fokus keselamatan dunia amnya dan ASEAN khususnya mulai berubah. ASEAN bukan sahaja perlu menumpukan isu keselamatan tradisional, iaitu isu yang melibatkan penggunaan kuasa ketenteraan dan peperangan, malah isu keselamatan bukan tradisional seperti ancaman kumpulan pengganas, kegiatan lanun, perubahan iklim dunia dan sebagainya yang mendapat perhatian serta perlu ditangani.

Tambahan pula, keadaan politik antarabangsa pascaperang dingin turut berubah daripada bipolar kepada multipolar. Keadaan dunia yang multipolar turut memberikan kesan kepada ASEAN. Kebangkitan China sebagai sebuah kuasa yang hebat dari segi ekonomi dan ketenteraan dilihat mencabar hegemoni Amerika Syarikat di Asia Tenggara.

Rasa tercabar ini disebabkan aktiviti China di Laut China Selatan seperti penambakan pulau kecil atau kawasan terumbu, pembinaan infrastruktur ketenteraan di pulau-pulau miliknya, penempatan sistem pertahanan peluru berpandu antikapal dan antiudara serta aset ketenteraan.

Manakala pada 11 hingga 16 Januari 2019, Amerika Syarikat dan Britain menjalani latihan tentera laut bersama-sama buat pertama kali di Laut China Selatan. Latihan ketenteraan bersama-sama Amerika Syarikat-Britain ini mempunyai mesej tersirat yang ingin disampaikan kepada China. Tindakan Amerika Syarikat ini hanyalah semata-mata untuk menunjukkan kekuatan ketenteraannya kepada China dan sebagai tanda bahawa kuasa ketenteraan Amerika Syarikat tidak pernah goyah walaupun menghadapi kekalahan teruk yang memalukan di Afghanistan dan Iraq serta terlibat dengan pertembungan kuasa antara Washington dengan Moscow di Eropah Timur dan Timur Tengah. Hal ini juga seolah-olah membuktikan bahawa Amerika Syarikat mahu menjadi kuasa hegemoni rantau Asia Pasifik tanpa dicabar oleh mana-mana kuasa besar dunia.

Laut China Selatan amat penting bukan sahaja kepada China dan Amerika Syarikat malahan kepada mana-mana negara yang menggunakan laut itu sebagai laluan perkapalan utamanya. Laut China Selatan menjadi laluan perkapalan penting yang menghubungkan Asia dan Eropah dengan anggaran nilai dagangan berjumlah RM 5.3 trilion melalui laut itu setiap tahun. Hal ini bermakna Laut China Selatan amat penting kepada import dan eksport negara China, Jepun dan Korea Selatan selain menjadi laluan tenaga yang penting bagi ketiga-tiga negara terbabit. Laut China Selatan juga kaya dengan minyak dan gas asli. Perkara ini juga menjadi salah satu faktor wujudnya pertikaian wilayah di Laut China Selatan antara Vietnam, Malaysia, Brunei dan Filipina dengan China.

Penglibatan kuasa besar dunia di Laut China Selatan mampu mengancam keselamatan ASEAN. Hal ini merupakan cabaran keselamatan yang amat serius selain mampu menggugat kelangsungan ASEAN sebagai sebuah pertubuhan yang boleh dijadikan wadah untuk mencari jalan penyelesaian melalui cara diplomasi. Isu Laut China Selatan akan sentiasa menjadi cabaran keselamatan ASEAN selagi pertikaian di kawasan terbabit tidak diselesaikan. Penglibatan kuasa besar yang lain seperti India, Jepun, Britain dan Australia dalam isu Laut China Selatan pada hakikatnya hanya merumitkan lagi keadaan kerana masing-masing mempunyai kepentingan nasional dalam hal ini.

Beberapa cabaran keselamatan lain yang perlu dihadapi oleh ASEAN termasuklah pertikaian wilayah dan ketegangan intra-ASEAN, konflik dalaman dan perubahan politik

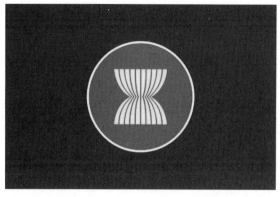

serta ancaman rentas sempadan. Pertikaian wilayah dan ketegangan intra-ASEAN membabitkan isu seperti Pulau Sipadan dan Ligitan, Ambalat dan Pulau Batu Putih atau Pedra Branca. Dalam hal ini, isu yang masih mendapat perhatian ialah Pertikaian Pulau Batu Putih antara Malaysia dengan Singapura yang boleh menjejaskan hubungan dua hala antara negara.

Konflik dalaman dan perubahan politik negara anggota turut menjadi cabaran keselamatan kepada ASEAN. Konflik dalaman seperti gerakan pemisahan di selatan Thailand dan Filipina serta konflik etnik yang berlaku di Myanmar merupakan cabaran keselamatan yang masih sukar untuk ditangani. Konflik etnik di Myanmar merupakan konflik dalaman negara. Prinsip ASEAN yang menghormati kedaulatan, integriti wilayah negara lain dan tidak mencampuri hal ehwal dalaman sesebuah negara anggota menyebabkan ASEAN dilihat sebagai sebuah pertubuhan yang tidak efektif bagi menangani konflik etnik di Myanmar. Namun begitu, prinsip ini ada batasannya. Apabila berlaku konflik dalaman di sesebuah negara yang menyebabkan negara anggota ASEAN yang lain terkena tempiasnya seperti kemasukan pelarian secara besar-besaran, maka ASEAN perlu campur tangan bagi menghentikan konflik dalaman yang berlaku.

Ancaman rentas sempadan membabitkan penyeludupan manusia, senjata api dan dadah, pemerdagangan manusia dan kumpulan pengganas merupakan cabaran keselamatan yang telah lama dihadapi oleh ASEAN. Ancaman kumpulan pengganas menjadi fokus keselamatan utama yang perlu ditangani oleh ASEAN termasuklah kemunculan kumpulan pengganas Daesh yang berhasrat untuk melebarkan sayapnya di rantau Asia Tenggara. Kumpulan pengganas yang menggunakan Internet sebagai medium untuk melakukan kegiatan mereka merupakan cabaran utama pertahanan yang perlu ditangani oleh negara anggota ASEAN. Misalnya pengganas mempelajari dan mencipta senjata baharu bagi melakukan aktiviti keganasan dengan Internet. Malahan mereka juga menggunakan alam siber termasuk media sosial untuk menyebarkan ideologi atau propaganda dan merekrut ahli baharu. Hal itu terbukti apabila 95 peratus daripada pengganas Daesh yang ditahan di negara Malaysia direkrut melalui media sosial, terutamanya Facebook.

ASEAN perlu menerima hakikat bahawa kepelbagaian ancaman perlu ditangani agar rantau ini tidak terjebak dengan peperangan seperti yang berlaku di rantau Timur Tengah. Penglibatan kuasa besar dunia di rantau Asia Tenggara jika tidak ditangani dengan baik akan menjadi ancaman besar. Tambahan pula, ancaman rentas sempadan, khususnya kumpulan pengganas menambahkan lagi kekusutan yang perlu dihadapi. Bagi menangani kumpulan pengganas, ASEAN perlu mewujudkan satu pasukan pencegahan keganasan khas yang dianggotai oleh pasukan pencegahan keganasan dari negara anggota ASEAN. Melalui pasukan ini, segala maklumat risikan dapat dikongsi. Selain itu, operasi cegah keganasan juga boleh dilaksanakan secara bersama-sama dan pasukan khas ini akan terlibat di seluruh pelusuk rantau Asia Tenggara. Bagi isu rumit seperti pertikaian di Laut China Selatan, jalan diplomasi merupakan langkah terbaik untuk memastikan rantau ini tidak terjebak ke dalam kancah peperangan.

 **PENERANGAN**

1 Pertikaian Pulau Sipadan dan Ligitan 西巴丹岛和利吉丹岛主权争端

Pertikaian Pulau Ligitan dan Sipadan merupakan pertikaian wilayah antara Indonesia dan Malaysia di atas dua pulau di perairan Ambalat di Laut Sulawesi, iaitu Pulau Ligitan dan Sipadan. Pertikaian itu bermula pada 1969 dan sebahagian besarnya diselesaikan oleh Mahkamah Keadilan Antarabangsa (ICJ) pada tahun 2002, yang berpendapat bahawa kedua-dua pulau tersebut adalah milik Malaysia.

2 Pertikaian Pulau Batu Putih 白礁岛争端

Pertikaian Pulau Batu Putih (Pedra Branca) merujuk kepada pertikaian wilayah antara Malaysia dan Singapura yang melibatkan beberapa pulau yang terletak di Selat Singapura yang menghadap ke arah Laut China Selatan. Pertikaian yang mengenai status Pulau Batu Puteh, Terumbu Karang Tengah (Middle Rocks) dan Terumbu Karang Selatan (South Ledge) mula tercetus pada tahun 1979 dan akhirnya diputuskan oleh Mahkamah Keadilan Antarabangsa (ICJ) pada 23 Mei 2008 di The Hague, Belanda, dengan menyerahkan kedaulatan Pulau Batu Putih kepada Singapura.

3 Daesh 达伊沙恐怖组织

Negara Islam di Iraq dan Syam juga dikenali sebagai ISIS, ISIL atau Daesh merupakan sebuah kumpulan gerakan ketenteraan Islam yang aktif di Iraq dan Syria.

Kumpulan ini telah dikenali sebagai organisasi terorisme pengganas oleh Pertubuhan Bangsa-bangsa Bersatu.

PERKATAAN BAHARU

pertembungan 会合，相遇；碰撞

lanun 海盗

terumbu 礁石

tersirat 隐藏的，（网等）打结的

goyah 松脱的，动摇的

wadah 容器，管道，基础，基地

tempias（雨滴、浪花、泥沙）飞溅

penyeludupan 走私，私运

merekrut 招募

propaganda 宣传，广播

kekusutan 复杂，杂乱

kancah（困苦的）境地，场地

LATIHAN

I **Sila terjemahkan istilah dan ungkapan di bawah ini.**

pertembungan ideologi

kuasa hegemoni dunia

negara bercorakkan fahaman komunis

isu keselamatan bukan tradisional

sistem pertahanan peluru berpandu antikapal dan antiudara

laluan perkapalan

pertikaian wilayah

ancaman rentas sempadan

gerakan pemisahan di selatan Thailand dan Filipina

integriti wilayah negara

kemasukan pelarian secara besar-besaran

melebarkan sayap

冷战

不干涉他国内政

种族冲突

填海造陆

枪支、毒品走私

传播意识形态

共享情报

南海争端

战场

II **Menjawab soalan pemahaman di bawah.**

1. Apa itu fokus keselamatan pada awal penubuhan Pertubuhan Negara-negara Asia Tenggara? Apa perubahan fokus keselamatan ASEAN selepas tamat Perang Dingin?

2. Apa tujuan dan niat pelaksanaan latihan ketenteraan bersama-sama Amerika Syarikat-British pada 2019 di perairan Laut China Selatan?

3. Kenapa kedudukan Laut China Selatan begitu penting di arena politik duina?

4. Apa pendirian ASEAN terhadap penglibatan kuasa besar dunia di Laut China Selatan? Apa punca pendirian ASEAN itu?

5. Apa prinsip ASEAN dalam mengendalikan urusan serantau?

6. Sila rumuskan cabaran keselamatan yang dihadapi oleh ASEAN dengan berdasarkan kandungan karangan ini.

III **Menterjemahkan ayat-ayat di bawah kepada bahasa Mandarin.**

1. Fokus keselamatan pada awal penubuhan ASEAN lebih tertumpu kepada pertembungan ideologi antara Kesatuan Soviet dengan Amerika Syarikat ketika Perang Dingin. Kedua-dua kuasa besar tersebut berlumba-lumba untuk menjadi kuasa hegemoni dunia. Dalam hal ini, rantau Asia Tenggara juga tidak ketinggalan menghadapi kehangatan Perang Dingin apabila berlakunya perang proksi di Indo-China (Vietnam, Laos dan Kemboja).

2. ASEAN bukan sahaja perlu menumpukan isu keselamatan tradisional, iaitu isu yang melibatkan penggunaan kuasa ketenteraan dan peperangan, malah isu keselamatan bukan tradisional seperti ancaman kumpulan pengganas, kegiatan lanun, perubahan iklim dunia dan sebagainya yang mendapat perhatian serta perlu ditangani.

3. Tindakan Amerika Syarikat ini hanyalah semata-mata untuk menunjukkan kekuatan ketenteraannya kepada China dan sebagai tanda bahawa kuasa ketenteraan Amerika

Syarikat tidak pernah goyah walaupun menghadapi kekalahan teruk yang memalukan di Afghanistan dan Iraq serta terlibat dengan pertembungan kuasa antara Washington dengan Moscow di Eropah Timur dan Timur Tengah.

4. Hal ini merupakan cabaran keselamatan yang amat serius selain mampu menggugat kelangsungan ASEAN sebagai sebuah pertubuhan yang boleh dijadikan wadah untuk mencari jalan penyelesaian melalui cara diplomasi. Prinsip ASEAN yang menghormati kedaulatan, integriti wilayah negara lain dan tidak mencampuri hal ehwal dalaman sesebuah negara anggota menyebabkan ASEAN dilihat sebagai sebuah pertubuhan yang tidak efektif bagi menangani konflik etnik di Myanmar.

5. Ancaman rentas sempadan membabitkan penyeludupan manusia, senjata api dan dadah, pemerdagangan manusia dan kumpulan pengganas merupakan cabaran keselamatan yang telah lama dihadapi oleh ASEAN. Ancaman kumpulan pengganas menjadi fokus keselamatan utama yang perlu ditangani oleh ASEAN termasuklah kemunculan kumpulan pengganas Daesh yang berhasrat untuk melebarkan sayapnya di rantau Asia Tenggara.

Mencari Makanan Masa Hadapan

Bangun tidur, perut terasa lapar. Sudah terbayang mihun goreng dengan udang berlingkar dan sayur yang banyak. Sudah diset dalam kepala otak, sarapan pagi ini mihun goreng. Tiba-tiba, makanan yang terhidang di kafe ialah mealworm goreng dengan sayur yang banyak, belalang sambal garing, cengkerik goreng madu dan cucur mealworm. Sementara itu, minuman yang disediakan ialah susu, tetapi bukan susu lembu sebaliknya susu daripada larva lalat. Tidak ada pilihan, yang nampak macam boleh ditelan hanyalah air sirap berwarna hijau yang diberi nama spirulina. Apabila air membasahi kerongkong, rasanya seperti minum jus perahan rumput. Menu pada hari ini, makanan untuk menyelamatkan planet bumi. Selamat menjamu selera dengan hidangan istimewa ini! Cuba fikir, apakah yang anda rasa?

Dengan perubahan cuaca yang semakin tidak menentu dan suhu yang semakin meningkat, tanah yang digunakan untuk menghasilkan makanan utama penduduk dunia

menjadi semakin tidak produktif. Maka itu, apa lagi yang boleh diharapkan? Kebergantungan pada sumber pertanian dan penternakan sebagai makanan utama sudah tidak lagi relevan apabila berlakunya kemusnahan alam sekitar dan kepincangan ekosistem. Satu alternatif yang tidak menjadi bebanan kepada alam sekitar perlu dicari bagi menyediakan keperluan makanan untuk populasi dunia yang semakin bertambah.

Andaikan ada dua sahaja pilihan. Pertama, jika mahu menyelamatkan bumi, perlu makan serangga. Kedua, biarkan sahaja bumi musnah tetapi boleh makan apa-apa sahaja. Mana satukah yang harus anda pilih? Sebenarnya, kedua-duanya bukan pilihan yang baik kerana tidak semua manusia yang boleh menerima makanan yang tidak biasa dimakan atau bukan budayanya. Pilihan kedua juga tidak tepat. Kalau bumi musnah, jangan kata haiwan atau tumbuh-tumbuhan sahaja yang lenyap malah manusia pun tidak ada harapan untuk meneruskan kehidupan.

Idea untuk menukar diet kepada makanan berasaskan serangga bagi orang yang pada kebiasaannya memakan roti, daging, ikan, ayam, sayur dan nasi adalah bagai mencampakkan diri ke neraka dunia. Sengsara kerana hendak ubah diet! Namun begitu, bagi sebahagian daripada penduduk dunia yang memang sudah biasa dengan menu serangga, perkara tersebut merupakan nikmat terindah kerana mereka masih mempunyai sumber makanan. Menurut Dr. Monica Ayieko, penyelidik serangga dari bahagian barat Kenya, dianggarkan dua bilion penduduk dunia mengamalkan diet serangga disebabkan tidak ada pilihan dan sudah menjadi budaya mereka. Menjadi satu kebanggaan di Afrika apabila dapat makan serangga kerana serangga merupakan makanan segar, sumber protein utama tanpa kos, malahan rasanya juga sedap.

Ini bukan soal pilihan tetapi mencari jalan bagi memenuhi keperluan untuk meneruskan kelangsungan hidup. Keadaan yang berlaku pada hari ini bukan perkembangan yang sihat apabila industri pertanian dijalankan secara besar-besaran bermotifkan keuntungan semata-mata sehingga menyebabkan banyak manusia yang menjadi tamak dengan bertunjangkan sistem kapitalisme. Semua perkara ini harus dipersalahkan kerana menjadi penyebab kepada kemusnahan alam sekitar dan malapetaka kepada ekosistem.

Pun begitu, tanpa pembangunan, manusia akan ketinggalan. Akan tetapi, perkara ini akan menjadi kesilapan apabila tidak dikawal dengan sebaik-baiknya. Itulah yang terjadi kepada alam sekitar pada hari ini, kesan daripada pembangunan yang tidak terkawal. Manusia menyedarinya apabila suhu persekitaran semakin panas, kemarau berpanjangan, banjir, ribut salji dan taufan berlaku bukan pada kadar yang biasa. Perubahan iklim yang ketara memberikan kesan kepada bekalan simpanan makanan dunia-hasil pertanian merosot dan akan berakhir dengan kebuluran.

Dalam konteks mencari makanan untuk masa hadapan yang menjanjikan kelestarian alam sekitar yang terbaik untuk manusia dan haiwan, inilah jawapannya—serangga! Hal ini dikatakan demikian kerana serangga boleh diternak di mana-mana tanpa mengira keadaan persekitaran mahupun perubahan iklim.

Serangga tidak memusnahkan tanah, boleh diternak bersama-sama tanaman pertanian utama dan tidak memerlukan penjagaan rapi. Yang paling penting, serangga kaya dengan

nutrisi yang diperlukan oleh manusia, malah untuk menghasilkan satu gram protein, serangga hanya memerlukan kurang daripada 23 liter air berbanding dengan lembu yang memerlukan 112 liter air untuk menghasilkan satu gram daging. Selain itu, pelepasan gas rumah hijau daripada serangga hanya 0.1 peratus sahaja berbanding dengan lembu untuk menghasilkan jumlah protein yang sama. Masalah yang sedang dihadapi oleh dunia pada ketika ini dengan sektor penternakan ialah pelepasan gas rumah hijau yang menyumbang kepada pemanasan global dan perubahan iklim. Jika pelepasan gas rumah hijau dari sektor perladangan dan penternakan dapat dikurangkan dengan banyak, perkara ini dapat membantu mengurangkan pemanasan global.

Dianggarkan antara 1000 hingga 2000 spesies serangga yang boleh dimakan termasuk 235 spesies rama-rama, 344 spesies kumbang, 239 spesies belalang termasuk cengkerik dan lipas, 39 spesies anai-anai, 20 spesies pepatung, serta 313 spesies semut, lebah dan tebuan. Permintaan produk hasil serangga seperti tepung dan serbuk protein dari negara Barat terutamanya Eropah dan Amerika Utara juga semakin bertambah.

Mungkin ada yang berpendapat bahawa memakan serangga bukan budaya masyarakat setempat, tidak boleh diterima oleh tekak, bahkan menjijikkan! Cuba fikirkan semula, adakah piza, burger, nuget, sosej, stik, dan banyak lagi menu dari Barat itu budaya makanan masyarakat setempat? Tentulah tidak! Akan tetapi, mengapakah tekak kita boleh menerimanya? Ini bukan soal budaya tetapi sikap bahawa yang datang dari Barat itu pilihan yang baik.

Namun begitu, tidak semua diet yang diamalkan oleh penduduk negara Barat itu terbaik. Hal ini diakui oleh Penyelidik Obesiti Amerika Syarikat Barry Popkin yang mengumpulkan banyak bukti mengenai peningkatan kadar obesiti rakyat di negara membangun. Daripada kajian yang dilakukan, peningkatan kadar obesiti di negara membangun dikesan disebabkan oleh diet Barat. Kebanyakan negara membangun sudah mula menerima diet Barat sebagai diet tempatan yang nampak hebat tetapi pada hakikatnya tidak sihat. Jika tidak, masakan negara Barat pun sudah berubah kepada amalan diet yang mereka katakan sebagai diet orang miskin. Lihat sahajalah negara mana yang makan serangga? Kebanyakannya negara membangun dan miskin.

Saintis Barat mula menerima diet negara membangun dan miskin baik untuk kesihatan serta mampu menyelamatkan bumi. Maka itu, tidak mustahillah, permintaan tertinggi makanan berasaskan serangga datang dari negara Eropah kerana mereka lebih prihatin dalam soal alam sekitar.

Bagi yang tidak berselera makan serangga mungkin boleh cuba organisma akuatik mikroskopik, iaitu mikroalga yang penuh dengan nutrien. Menurut laporan, mikroalga boleh menghasilkan antara 3.5 hingga 13 tan protein bagi setiap hektar setahun berbanding dengan soya dan tanaman kekacang lain yang hanya menghasilkan 0.5 hingga 1.8 tan protein sahaja. Mikroalga juga membekalkan 75 peratus oksigen bumi. Sayangnya, sumbangan ini jarang-jarang disebut.

Mikroalga ialah organisma sel tunggal yang kelihatan seperti butang kecil serta mempunyai rasa yang menghasilkan makanan sendiri dengan menukarkan karbon dioksida dan cahaya matahari kepada bahan biokimia dan menghasilkan oksigen sebagai sampingan. Ada 100

ribu spesies alga yang telah direkodkan setakat ini namun yang popular hanya tiga, iaitu spirulina, chlorella dan dunaliella terutamanya sebagai makanan tambahan untuk kecantikan dan kesihatan.

Bagi Pensyarah Sekolah Sains, Universiti Monash Malaysia, Dr. Foo Su Chern, mikroalga ialah makanan yang ditakdirkan menjadi makanan unggul masa hadapan untuk penduduk dunia. Mikroalga merupakan makanan yang penuh dengan khasiat dan manfaat kepada manusia serta haiwan. Mikroalga lengkap dengan segala nutrisi tetapi mempunyai kehidupan yang ringkas dan kehadirannya hampir tidak disedari. Kini, kehadiran mikroalga sebagai penyelamat bumi mula mendapat perhatian saintis, tambahan pula ketika dunia sedang berhadapan dengan kesan perubahan iklim dan pemanasan global. Tekanan untuk mengurangkan pelepasan gas karbon ke atmosfera semakin terdesak untuk diselesaikan dengan kadar yang segera. Dalam banyak hal, mikroalga boleh menjadi sandaran penyelesaian perubahan iklim yang sedang dihadapi oleh dunia.

Banyak perkara yang boleh difikirkan apabila makanan manusia beralih kepada mikroalga terutamanya kesannya terhadap alam sekitar kerana mikroalga tidak memerlukan racun makhluk perosak dan baja untuk hidup subur. Penjagaannya pula tidak sukar kerana mikroalga boleh hidup di kawasan air tawar atau masin, malahan mikroorganisma ini boleh hidup di air sisa kegunaan rumah dan perindustrian yang telah diproses.

Mikroalga tidak memilih musim untuk tumbuh, hanya yang membataskannya ialah iklim yang menentukan pertumbuhan mikroorganisma ini sama ada cepat atau lambat membesar. Pertumbuhan mikroalga perlahan ketika musim sejuk dan cuaca yang ekstrem. Mengikut kajian yang dijalankan, mikroalga amat sesuai hidup dalam iklim Malaysia yang sentiasa ada cahaya matahari. Dengan keupayaan fotosintesis yang tinggi, mikroalga hanya mengambil masa tujuh hari untuk matang.

Mungkin suatu hari nanti, kita boleh makan serangga dan mikroalga sepertimana kita makan nasi. Jika semua itu menjadi kenyataan, bermakna kita berupaya menyelesaikan dua masalah dengan satu makanan, malah makanan itu tidak hebat pun, hanya serangga dan mikroalga, iaitu makanan rakyat di negara miskin tetapi dapat menyelamatkan bumi, mengenyangkan perut yang lapar dan membekalkan sumber vitamin yang lengkap.

mihun 米粉

berlingkar 卷曲，盘旋

mealworm 粉虫

madu 蜂蜜

cucur 糕点，甜点

lalat 苍蝇

air sirap 糖浆水

spirulina 螺旋藻

perahan 压出的水或汁液

kepincangan 缺陷

serangga 昆虫

mencampakkan 把……丢弃

neraka 地狱

segar 健康的，生机勃勃的

kebuluran 饥饿

rapi 整齐，有序，完整，完善

gram 克

rama-rama 蝴蝶

kumbang 甲虫

lipas 蟑螂

anai-anai 白蚁

pepatung 蚱蜢类

semut 蚂蚁

lebah 蜜蜂

tebuan 大黄蜂

tepung 粉末

serbuk protein 蛋白粉

tekak 喉咙，胃口

menjijikkan 恶心

nuget 煎鸡肉

sosej 香肠

stik 用于烘烤和煎炒的厚肉

obesiti 肥胖

berselera 有胃口

organisma 有机体

akuatik 水生的

mikroskopik 微小的

mikroalga 海藻

soya 黄豆，大豆

kekacang 豆类

mentakdirkan 命中注定

sandaran 帮助，支持

racun 毒药

LATIHAN

I **Menterjemahkan frasa-frasa di bawah kepada Bahasa Mandarin.**

air sirap berwarna hijau

populasi dunia yang semakin bertambah memenggal kepala mangsa

mencampakkan diri ke neraka dunia

bermotifkan keuntungan semata-mata

bekalan simpanan makanan

budaya masyarakat setempat

negara membangun

kesan perubahan iklim dan pemanasan global

Ⅱ Menterjemahkan ayat-ayat di bawah ini kepada bahasa Mandarin.

1. Ini bukan soal pilihan tetapi mencari jalan bagi memenuhi keperluan untuk meneruskan kelangsungan hidup. Keadaan yang berlaku pada hari ini bukan perkembangan yang sihat apabila industri pertanian dijalankan secara besar-besaran bermotifkan keuntungan semata-mata sehingga menyebabkan banyak manusia yang menjadi tamak dengan bertunjangkan sistem kapitalisme.

2. Yang paling penting, serangga kaya dengan nutrisi yang diperlukan oleh manusia, malah untuk menghasilkan satu gram protein, serangga hanya memerlukan kurang daripada 23 liter air berbanding dengan lembu yang memerlukan 112 liter air untuk menghasilkan satu gram daging. Selain itu, pelepasan gas rumah hijau daripada serangga hanya 0.1 peratus sahaja berbanding dengan lembu untuk menghasilkan jumlah protein yang sama.

3. Daripada kajian yang dilakukan, peningkatan kadar obesiti di negara membangun dikesan disebabkan oleh diet Barat. Kebanyakan negara membangun sudah mula menerima diet Barat sebagai diet tempatan yang nampak hebat tetapi pada hakikatnya tidak sihat. Jika tidak, masakan negara Barat pun sudah berubah kepada amalan diet yang mereka katakan sebagai diet orang miskin. Lihat sahajalah negara mana yang makan serangga? Kebanyakannya negara membangun dan miskin.

4. Mikroalga merupakan makanan yang penuh dengan khasiat dan manfaat kepada manusia serta haiwan. Mikroalga lengkap dengan segala nutrisi tetapi mempunyai kehidupan yang ringkas dan kehadirannya hampir tidak disedari. Kini, kehadiran mikroalga sebagai penyelamat bumi mula mendapat perhatian saintis, tambahan pula ketika dunia sedang berhadapan dengan kesan perubahan iklim dan pemanasan global. Tekanan untuk mengurangkan pelepasan gas karbon ke atmosfera semakin terdesak untuk diselesaikan dengan kadar yang segera.

5. Banyak perkara yang boleh difikirkan apabila makanan manusia beralih kepada mikroalga terutamanya kesannya terhadap alam sekitar kerana mikroalga tidak memerlukan racun makhluk perosak dan baja untuk hidup subur. Penjagaannya pula tidak sukar kerana mikroalga boleh hidup di kawasan air tawar atau masin, malahan mikroorganisma ini boleh hidup di air sisa kegunaan rumah dan perindustrian yang telah diproses.

Ⅲ **Sila rumuskan karangan yang panjangnya tidak melebihi 100 patah perkataan.**